Juan Ruidias Torres

PERÚ : Doscientos Años

Juan Ruidias Torres

PERÚ : Doscientos Años

Remenbranzas

JustFiction Edition

Imprint
Any brand names and product names mentioned in this book are subject to trademark, brand or patent protection and are trademarks or registered trademarks of their respective holders. The use of brand names, product names, common names, trade names, product descriptions etc. even without a particular marking in this work is in no way to be construed to mean that such names may be regarded as unrestricted in respect of trademark and brand protection legislation and could thus be used by anyone.

Cover image: www.ingimage.com

Publisher:
JustFiction! Edition
is a trademark of
International Book Market Service Ltd., member of OmniScriptum Publishing Group
17 Meldrum Street, Beau Bassin 71504, Mauritius

Printed at: see last page
ISBN: 978-620-0-48975-3

ÍNDICE.

1. RESUMEN:

Antecedentes:

La mortalidad perinatal es indicador universal de condiciones de vida, de la calidad y acceso a los servicios de salud, la ONU planteó dentro de los objetivos de desarrollo sostenible, la reducción de la mortalidad neonatal al menos hasta 12 por cada 1000 nacidos vivos y poner fin a las muertes evitables de recién nacidos.

Objetivo:

Determinar la prevalencia de la mortalidad perinatal y los factores relacionados en el Hospital General No. 4 de Celaya Guanajuato, que favorezcan la identificación de estrategias que disminuyan la mortalidad perinatal de acuerdo al análisis de resultados.

Material y Métodos:

El estudio, es observacional de corte transversal, retrospectivo, analítico del 2015 al 2018.

Resultados:

Se realizó análisis de 110 expedientes. Las tasas 2015-2018, mortalidad perinatal 8.81/1000 nacimientos, muerte fetal 12.63/1000 nacimientos, neonatal temprana 6.1/1000 nacimientos, neonatal tardía 2.20/1000 nacimientos. Promedio de edad materna 27.10 años, edad gestacional 31.25 semanas, ocupación hogar, estado civil casada, escolaridad secundaria, inicio de control 1er trimestre, antecedentes relacionados: infecciones de vías urinarias 46.9%, ruptura prematura de membranas 23%, cervico vaginitis 20.4%, promedio de gestas 1. Vía de nacimiento cesárea 58.1%.

Presentación cefálica 82.2%, 68.9%, relación peso/edad gestacional adecuada, prematurez en 38.3%, peso promedio 1509.5 gramos, 5 de Apgar, la causa de muerte registrada: Afección originada en el periodo perinatal.

Conclusión

Los factores relacionados corresponden a factores prevenibles se requiere fortalecer la calidad del control prenatal, prevención, identificación y atención calificada de las complicaciones, y tratamiento especializado del recién nacido bajo protocolos basados en evidencia

2. SUMMARY:

Introduction:

Perinatal mortality is a universal indicator of living conditions, quality and access to health services, the ONU proposed within the objectives of sustainable development, reducing neonatal mortality at least up to 12 per 1000 live births and putting end to avoidable deaths of newborns.

Objective:

To determine the prevalence of perinatal mortality and related factors in the General Hospital No. 4 of Celaya Guanajuato, which favor the identification of strategies that reduce perinatal mortality according to the analysis of results.

Material and methods:

The study is cross-sectional, retrospective, and analytical, from 2015 to 2018.

Results:

Analysis of 110 files was performed. 2015-2018 rates, perinatal mortality 8.81 / 1000 births, fetal death 12.63 / 1000 births, early neonatal 6.1 / 1000 births, late neonatal birth 2.20 / 1000 births. Maternal age average 27.10 years, gestational age 31.25 weeks, home occupation, married marital status, secondary schooling, start of control 1st trimester, related history: urinary tract infections 46.9%, premature rupture of membranes 23%, cervical vaginitis 20.4%, average deeds 1. Caesarean birth route 58.1%. Cephalic presentation 82.2%, 68.9%, adequate gestational weight / age ratio, prematurity in 38.3%, average weight 1509.5 grams, 5 of Apgar, the cause of death recorded: Condition originating in the perinatal period.

Conclusion

The related factors correspond to preventable factors; it is necessary to strengthen the quality of prenatal control, prevention, identification and qualified care of complications, and specialized treatment of the newborn under evidence-based protocols.

3. MARCO TEÓRICO:

La mortalidad perinatal representa para los países en desarrollo una causa importante de muerte en la infancia. Estas muertes son consideradas indicadores universales tanto de condiciones de vida, como de la calidad y acceso a los servicios de salud, por ello la Organización de las Naciones Unidas (ONU) planteó dentro de los objetivos de desarrollo sostenible específicamente en el objetivo 3. Garantizar una vida sana y promover el bienestar de todos a todas las edades, en donde se proponen las siguientes metas para el 2030: la reducción de la mortalidad neonatal al menos hasta 12 por cada 1000 nacidos vivos, y la mortalidad de niños menores de 5 años al menos de hasta 25 por cada 1000 nacidos vivos y poner fin a las muertes evitables de recién nacidos y de niños menores de 5 años. [(1)]

La mortalidad perinatal se define como la muerte que ocurre entre la vigésima segunda semana de gestación o mayores de 500 gramos de peso hasta el séptimo día de nacimiento, de acuerdo con la décima revisión de la Clasificación Internacional de Enfermedades, empleada por la Organización Mundial de la Salud (OMS). Adicionalmente se sub clasifica a las muertes perinatales en ante parto, cuando la muerte ocurre antes del inicio de trabajo de parto; e intra parto, cuando ocurre luego del inicio de trabajo de parto, pero antes del nacimiento. Además, la muerte neonatal la divide en temprana, antes de la primera semana de vida y tardía entre la segunda y la cuarta. En lo que respecta a muertes fetales la OMS la define como la muerte previa a la expulsión o extracción completa del producto de la concepción, independientemente de la edad de la duración del embarazo. Según la edad gestacional debe ser a partir 22 de gestación o un peso al momento de nacimiento mayor a 500 gramos [(2)]

Epidemiologia

La tasa de mortalidad de niños menores de 5 años de edad en todo el mundo fue de 43 muertes por cada 1.000 nacidos vivos en el 2015, los niños son más vulnerables en los primeros 28 días de vida, en el 2015 la tasa mundial de mortalidad neonatal fue de 19 muertes por cada 1,000 nacidos vivos, lo que representa una disminución desde las 31 muertes por cada 1.000 nacidos vivos registradas en el 2000. [(3)] En México, se estima la mortalidad en menores de cinco años tuvo una disminución del 63.2%, pasando de 41.0 por 1,000 nacidos vivos en 1990 a 15.1 en el 2014, lo cual aproxima a la meta de la meta de la OMS. [(4)] González-Pier señala que la mortalidad neonatal en México no se ha reducido de la misma forma, ya que la tasa es más del doble que en Estados Unidos de Norteamérica (8.2 y 3.6 muertos por 1,000 nacidos vivos respectivamente).[18]

La mortalidad neonatal es un indicador de calidad y oportunidad en la atención del recién nacido, en México la mortalidad neonatal constituye más del 60% de la mortalidad infantil y ha presentado mínimos cambios en los últimos años. La mayor reducción de la mortalidad en mejores de 5 años se observa en la etapa pos neonatal y los avances en la etapa neonatal son mínimos.

González-Pérez DM y cols., señalan que a nivel nacional según las estadísticas del sistema información en mortalidad (SISMOR) del Instituto Mexicano del Seguro social (IMSS) la tasa de mortalidad neonatal representa un descenso de 6.9%, pues se observa una disminución de la tasa 2011 de 8.7 por 1000 nacidos vivos, a 8.1 en el 2014. ([5]) La frecuencia de muerte fetal varia siendo estimada en 1% de todos los embarazos, afecta alrededor de 3 millones de embarazadas por año en todo el mundo, de las cuales 98% ocurren en países de bajo y mediano nivel socio-económico. Los casos de muerte fetal antes del trabajo de parto representan más de la mitad de los casos. Las fuentes primarias para la generación de estadísticas de muerte fetal son el certificado de muerte fetal. [(6)]

En los registros de la Dirección General de Información en Salud (DGIS) se pueden analizar los datos que corresponden con la mortalidad perinatal por entidad federativa, y es entonces como se puede observar que el Estado de Guanajuato en un periodo de análisis de cinco años (2010-2015) mantiene una disminución de la tasa de mortalidad estatal al pasar de 8.7 a 7.7 pero mantiene una tendencia a la alta con respecto de la tasa nacional, ya que según los datos consultados fue de 7.0 en el 2015, Celaya sin embargo mantiene una tendencia hacia la baja con respecto de la tasa estatal al pasar de 11.6 en el 2010 a 7.3 en el 2015, pero aún se mantiene según estos datos oficiales por arriba de la tasa nacional. [(7)]

En el análisis de comparativos de las defunciones por institución de afiliación en el municipio de Celaya, durante el mismo periodo de tiempo de 5 años (2010-2015) se observa que los pacientes con afiliación al Instituto Mexicano del Seguro Social (IMSS) ocupan el tercer sitio con mayor porcentaje de muertes en el periodo perinatal. [(7)]

En cuanto a la mortalidad neonatal en el IMSS por delegación según González-Pérez y cols., Guanajuato ocupo el décimo lugar con respecto de las 35 delegaciones existentes en la República mexicana en un periodo de análisis del 2011 al 2014 y destaca que durante este último año fue uno de los estados con una menor tasa (6.9); sin embargo Quintana Roo represento la más baja con 5.3 y Zacatecas la tasa más eleva de 11.3 para el mismo año 2014. [(5)]

Los registros de defunciones en menores de 1 año según etapa de vida de la DGIS en Guanajuato la etapa neonatal temprana ocupa el primer lugar (menores de 7 días) con 408 defunciones en el 2015, seguida del periodo pos neonatal (28 días a 11 meses) con 203 y en tercera posición el periodo Neonatal tardío (7-27 días) 90 para el mismo 2015. Celaya, como municipio mantiene el mismo comportamiento pues en el 2015 se registraron 55 defunciones en el periodo neonatal temprano, 39 en el periodo pos neonatal y 20 en el neonatal tardío.

Causas

La mayoría de las muertes suceden por causas prevenibles y tratables, para el

2008, de acuerdo con la OMS, la prematurez y el bajo peso al nacimiento, las infecciones neonatales, además de la asfixia perinatal y el trauma obstétrico se encontraban dentro de las primeras 20 causas de muerte en el mundo (independientemente de la edad); para África y Asia esta tres se encontraban dentro de las primeras 10, mientras que para Latinoamérica, solamente la prematurez y el bajo peso al nacimiento se encontró en el lugar 18. [(4)]

De acuerdo con los resultados obtenidos por González-Pérez y cols., a nivel nacional (IMSS) las principales causas de muerte perinatal en el Instituto Mexicano del Seguro social se pueden clasificar en antepartum y dentro de este grupo encontramos las malformaciones congénitas y anomalías cromosómicas como primera causa, seguidos de infección, hipoxia antepartum, otros trastornos antepartum específicos, trastornos relacionados con el crecimiento fetal, muerte antepartum de causa no especifica. Un segundo grupo, muertes intrapartum donde se señala como primera causa las malformaciones congénitas y anomalías cromosómicas, seguidas de trauma al nacimiento, evento intrapartum agudo, infección, otros trastornos especificados intrapartum (incluye códigos específicos del periodo intrapartum sobre trastornos hemorrágicos y hematológicos del recién nacido), trastornos relacionados con el crecimiento fetal, y muerte intrapartum de causa no especifica. Además de un tercer grupo muertes neonatales, donde las malformaciones congénitas y anomalías cromosómicas vuelven a ocupar el primer sitio y lo secundan los trastornos relacionados con el crecimiento fetal, trauma al nacimiento, complicaciones de eventos intrapartum, convulsiones y trastornos del estado cerebral, infección, trastornos respiratorios y cardiovasculares, otras condiciones neonatales, bajo peso al nacimiento y prematurez, misceláneos, muerte neonatal de causa no especifica. Toda esta clasificación en apego a la estructura de la International Classification of Disease-Perinatal Mortality o CIE de mortalidad perinatal. [(4)]

La principales causa de mortalidad neonatal temprana en el estado de Guanajuato son: asfixia y trauma al nacimiento, bajo peso al nacimiento y prematurez, malformaciones del corazón, anencefalia y malformaciones similares, defectos de la pared abdominal; en tanto que las principales causas de mortalidad neonatal temprana en el municipio de Celaya se encuentran: asfixia y trauma al nacimiento, bajo peso al nacimiento y prematurez, malformaciones congénitas del corazón, anencefalia y malformaciones similares, infecciones respiratorios, espina bífida, según los registros analizados de la DGIS correspondiente a las cifras oficiales definitivas de defunciones del INEGI/SS en el 2015.

Las principales causas de muerte fetal observadas en la literatura son: disminución o supresión del aporte de oxígeno al feto, aporte calórico insuficiente, reducción o supresión de la perfusión sanguíneo útero-placentaria, desequilibrio metabolismo de glucósidos y ácidos, hipertermia por toxina de bacterias o parásitos, intoxicaciones maternas, malformaciones maternas, alteraciones de la hemodinámica fetal y causas desconocidas. [19] las causas de muerte fetal ante parto de origen materno más comunes son: diabetes mellitus, pre eclampsia, hemorragias, retraso del crecimiento, infecciones, anormalidades congénitas [(6)]

De acuerdo con los registros del sistema de información de la dirección general de información en salud en Guanajuato del año 2007 al 2016 las primeras causas de muerte fetal son las contenidas en la Clasificación Internacional de las Enfermedades 10 edición (CIE 10) P968: Otras afecciones especificadas originadas en el periodo perinatal, en segundo lugar feto y recién nacido afectados por ruptura prematura de membranas, feto y recién nacidos afectados por anormalidades morfológicas y funcionales de la placenta en tercer lugar, en cuarto lugar feto y recién nacidos afectados por otra compresión de cordón umbilical, y en quinto lugar desnutrición fetal, sin mención de peso o talla bajos para la edad gestacional. Las estadísticas consultadas en el mismo sitio para el municipio de Celaya en el periodo de 2007 a 2016 comparten las dos primeras causas de muerte fetal es decir la clasificación P968 al igual que el estado de Guanajuato ocupa el primer lugar de registro de causa de muerte así como el segundo lugar el diagnostico de Feto y recién nacido afectados por ruptura prematura de membranas, a diferencia al estado Celaya mantiene en tercer lugar al feto y recién nacido afectados por otra compresión del cordón umbilical, en cuarto la desnutrición fetal y en quinto al feto y recién nacido afectados por otras anormalidades morfológica y funcionales de la placenta. [(7)]

Factores De Riesgo:

Se consideran factores de riesgo a cualquier característica o condición, exposición o rasgo en un individuo que aumente su probabilidad de sufrir una enfermedad o lesión, según la OMS.

Los factores de riesgo relacionados con la muerte fetal se clasifican de la siguiente manera: Maternos, Fetales u otros. Los factores maternos se dividen en modificables y no modificables. En los no modificables destaca el antecedente de pérdida fetal, Factor Rh negativos en la mujer, enfermedades sistémicas (hipertensión arterial crónica, diabetes, enfermedades renales, colangiopatías, cardiopatías, trombofilias, intoxicaciones, traumatismos, tiroidopatias, obesidad, raza negra, edad materna de riesgo: mayor de 35 años. Los modificables son: tabaquismo, alcoholismo, obesidad.

Los factores fetales que se asocian a muerte fetal son: sexo masculino, la isoinmunizacion a factor RH, malformaciones congénitas, ruptura prematura de membranas, disminución del líquido amniótico, circular de cordón doble o triple, embarazos múltiples, malformaciones fetales congénitas, coriamnioitis, peso, restricción de crecimiento intrauterino, pos maduréz. [(6)]

S. Jiménez Puñales y R.J. Pentón Cortés describen el parto pre término como el factor de riesgo que más se presenta en la mortalidad perinatal; el periodo intergenésico acortado es el factor que le sigue en orden de frecuencia; el parto por cesárea constituye el tercero.[19]

Los factores de riesgo asociados a mortalidad perinatal pueden dividirse en tres categorías como se visualizan a continuación:

Factores De Riesgo Asociados A Etapa Prenatal	Ocupación, estado civil, religión, escolaridad, tabaquismo, alcoholismo, uso de drogas, edad materna, peso materno, talla materna, número de gestas, número de partos, número de abortos, número de cesáreas, periodo inter genésico, control prenatal, diagnóstico de preclampsia - eclampsia, hipertensión arterial Crónica, hipertensión arterial crónica y preclampsia, hipertensión gestacional, anemia, ruptura uterina, hematoma retro placentario, placenta previa, ruptura prematura de membranas, Infección de vías urinarias, diabetes gestacional, diabetes mellitus, Asma. Presencia de embarazo múltiple, anomalías placentarias. Índice de riesgo obstétrico. Rh negativo, antecedente de pérdida fetal, cervico vaginitis.
Factores De Riesgo Asociados A Etapa Intra Parto	Tipo de parto, presentación no cefálica, semanas de gestación, líquido amniótico anormal, parto precipitado, trabajo de parto prolongado, parto inducido, complicaciones del parto (sufrimiento fetal, asfixia perinatal, poli hidramnios severo, bronco aspiración,

	oligohidramnios, hipoxia perinatal, ruptura prematura de membranas, trauma al parto, prolapso de cordón, nudo o constricción de cordón, corioamniositis) parto múltiple.
Factores De Riesgo Asociados A Etapa Neonatal	Malformaciones congénitas, necesidad de reanimación, ventilación neonatal, lactancia materna, peso al nacer, Apgar, Silverman edad gestacional, patología neonatal (prematurez, pos madurez, asfixia, sepsis, síndrome de dificultad respiratoria, síndrome de aspiración de meconio, síndrome de membrana hialina, infecciones, isoinmunizacion a factor Rh) relación peso/ edad gestacional.

Tabla 1 Factores de riesgo de mortalidad perinatal por categorías.

Definiciones operacionales

Muerte Fetal: la muerte previa a la expulsión o extracción completa del producto dela concepción, independientemente de la edad de la duración del embarazo. Según la edad gestacional debe ser a partir 22 de gestación o un peso al momento de nacimiento mayor a 500 gramos

Muerte Neonatal: toda muerte que ocurre entre el nacimiento hasta menos de 28 días de vida. Se divide en: temprana que ocurre entre el primer día cumplido a los 7 días de vida. Tardía ocurre después del séptimo día de vida pero antes de los 28 días de vida

Muerte Perinatal: Muerte intra o extrauterina de un producto de la concepción, desde la 22 semana de gestación hasta los 7 días después del nacimiento con un peso mayor de 500 gr o una longitud coronilla-talón de más de 25 centímetros.

Las defunciones del producto antes de las 22 semanas de gestación no se consideran muertes perinatales.

4. JUSTIFICACIÓN:

La mortalidad perinatal tiene gran repercusión sobre una familia y es un indicador sensible del bienestar de una población, de las condiciones de salud materna, del entorno en que vive la madre y de la calidad de la atención preconcepcional, prenatal, intraparto y del neonato. [(8)] Estas muertes reflejan el grado de desarrollo de un país, las condiciones de inequidad social y constituyen un problema básico de salud por su elevada frecuencia. La mortalidad perinatal se ve influida por aquellos factores que pueden ser prevenibles y que afectan de igual forma a la salud de la madre y de la población general; la implementación de estrategias efectivas que disminuyan su aparición repercutirá, en las condiciones de salud de sociedad y no solo en la sobrevida perinatal.

El presente estudio se realizó para conocer la prevalencia que guarda la muerte perinatal y los factores condicionantes relacionados, con la finalidad de obtener un análisis de las condiciones de riesgo que permitió analizar el comportamiento de los diferentes componentes y así diseñar estrategias preventivas con el propósito de reducir la mortalidad perinatal en el HGZ 4 Celaya, Guanajuato.

Evaluar las muertes perinatales constituye un estímulo a individuos profesionales de la salud, clínicos y administrativos, así como de la comunidad para colaborar de manera conjunta y superar los problemas que se identifiquen, por otra parte el seguimiento que se haga de dichas investigaciones puede llevar a identificar tendencias e incidir en las necesarias intervenciones adicionales en los programas de salud.

5. Planteamiento del problema

¿Cuál es la prevalencia y factores condicionantes relacionados a la aparición de muerte perinatal durante el periodo comprendido del 1 de Enero del 2015 al 31 de diciembre del 2018 en el Hospital General de Zona n. 4 Celaya IMSS, delegación Guanajuato?

La mortalidad perinatal es un indicador que considera a los productos nacidos muertos de la 22 semana en adelante y a los nacidos vivos que fallecen antes de 7 días del parto, es un indicador sensible del bienestar de la población, de las condiciones de salud materna, del contexto en que vive la madre y la calidad de atención preconcepcional, prenatal, intra parto y del neonato, por lo tanto tiene una gran repercusión sobre la familia, por lo tanto las acciones que favorezcan para disminuirla favorecen más allá de la sobrevivida perinatal. En Guanajuato constituye un problema importantes por su elevada frecuencia, de 1990 a 2015 que se tiene como registro oficial de defunciones de acuerdo a la Dirección General de Información en Salud (DGIS), se observa que la mortalidad neonatal temprana (menores de 7 días) al igual que en el municipio de Celaya un considerable decremento al pasar de 1,866 a 615 y de 154 a 55 defunciones en este grupo de edad respectivamente con tasas de 14.0 a 5.7 y de 15.8 a 5.3 lo que representa un descenso de 8.3 puntos en el estado de Guanajuato y de 10.5 para el municipio de Celaya.

La asfixia y trauma al nacimiento como primera causa de muertes neonatales temprana presenta un comportamiento similar a nivel nacional misma que en el periodo analizado 1990-2015 para el estado de Guanajuato con decremento en las defunciones al pasar de 903-232, no así para el municipio de Celaya que al igual asfixia y trauma al nacimiento es la primera causas pero no presenta un decremento significativo.

Como segunda causa tanto en el estado de Guanajuato como en el municipio de Celaya se presenta el bajo peso y prematurez que para el 2015 represento una tasa de .8 para el estado de Guanajuato y en Celaya muy similar a la estatal lo que da una pauta a mejorar o implementar estrategias y políticas públicas para el mejoramiento en la atención ya que dichas causas que se encuentran en los 2 primeros lugares son de carácter urgente el abordaje para poder brindarles una mejor atención.

Con relación a las defunciones en los menores de 1 año en el periodo 1990-2015 en el estado de Guanajuato se observan grandes avances a las etapas de Neonatal Tardía y Pos neonatal dado que las estrategias implementadas han tenido impacto importante al tener reducciones importante en estos grupos de edad no así en la edad Neonatal Temprana que aunque se observa una reducción no han sido tan grandes las cantidades al pasar de 1284 a 408 respectivamente.

En el municipio de Celaya en el mismo periodo comentado la mortalidad en los menores de 1 año se presenta mayor impacto en la etapa Pos neonatal y Neonatal Temprana no así en la Neonatal Tardía donde solo se previnieron 13 defunciones al pasar de 33 a 20 defunciones en 1990 a 2015 respectivamente.

6. OBJETIVO GENERAL

Determinar la prevalencia de la mortalidad perinatal y los factores relacionados en el Hospital General No. 4 de Celaya Guanajuato, que favorezcan la identificación de estrategias que disminuyan la mortalidad perinatal

6.1 Objetivos Específicos

Evaluar la prevalencia de la mortalidad perinatal mediante su clasificación en mortalidad fetal, neonatal temprana, neonatal tardía.

Analizar los factores de riesgo de mortalidad fetal, neonatal temprana y neonatal tardía mediante la comparación de su frecuencia de aparición.

Diseñar y proponer estrategias que disminuyan la mortalidad durante el 2020 mediante los principales resultados del estudio de prevalencia.

7. MATERIAL y MÉTODOS

7.1 Diseño de la investigación

El presente estudio, fue observacional de corte transversal, de prevalencia retrospectivo, analítico del 2015 al 2018.

7.2 Población de estudio

Todos los casos de mortalidad perinatal registrados durante el 2015-2018 que reunieron los criterios de selección, ocurridos en el Hospital General de Zona N.4 Celaya, Gto

7.3 Criterios de selección

7.3.1Criterios de inclusión

Participaron en el Estudio De Investigación Aquellos Caso Ocurridos En El Hospital General De Zona N. 4 y que cumplieron las siguientes características:

✓ Neonato muerto de entre 22 de gestación y 28 días posteriores al nacimiento, dentro del HGZ 4 Celaya.

✓ Casos que posean o tengan disponibles historia clínica y nota de valoración pediátrica

✓ Casos que cuenten con certificado de defunción, y muerte fetal disponible

✓ Casos que cuenten con la afiliación al Instituto Mexicano del Seguro Social

7.3.2 Criterios de exclusión

No participaron en la investigación aquellos pacientes no cumplieron con los criterios de inclusión

✓ Neonatos muertos ocurridos en el HGZ4 no derecho habientes al instituto mexicano del seguro social

✓ Casos menores de 22 SDG o 500 gr de peso

✓ Defunciones en el periodo post neonatal

✓ Neonatos con atención subrogada

7.3.3 Criterios de eliminación

✓ Defunciones fetales con certificado de defunción incompleto.

✓ Expedientes clínicos sin consignación de datos completos en historia clínica o nota de valoración pediátrica.

7.4 Diseño muestral

7.4.1Población

Todas las defunciones fetales y perinatales; neonatales tempranas y neonatales tardías. Ocurridas en el HGZ n 4 Celaya en el periodo 2015-2018 y que cumplieron los criterios de inclusión

7.4.2 Muestra

Se trató de muestra no probabilística a conveniencia, se incluyeron todos los casos que cumplieron con los criterios de inclusión.

7.5 Variables

Variable dependiente: Mortalidad perinatal

Variable independiente: Factores de riesgo asociados

Variables cualitativas	Ocupación, estado civil, religión, escolaridad, tabaquismo, alcoholismo, uso de drogas. Rh negativo, antecedente de perdida fetal, diagnostico de cervico vaginitis, diagnóstico de preclampsia- eclampsia, HTA Crónica, HTA crónica y preclampsia, HA gestacional, anemia, rotura uterina, hematoma retro placentario, placenta previa, RPM, IVU, diabetes gestacional, DM, asma. Características normales de líquido amniótico, parto precipitado, trabajo departo prolongado, parto inducido, presencia de embarazo múltiple, anomalías placentarias. Índice de riesgo obstétrico. Tipo de parto,

	presentación cefálica, malformaciones congénitas, necesidad de reanimación, ventilación neonatal, lactancia materna. Complicaciones del parto (sufrimiento fetal, asfixia perinatal, polihidramnios severo, trauma al parto, prolapso de cordón, nudo o constricción del cordón, corioamniositis) parto múltiple, patología neonatal (prematurez, asfixia, sepsis, síndrome de dificultad respiratoria, síndrome de aspiración de meconio, síndrome de membrana hialina, infecciones, isoinmunizacion a factor RH) relación peso/ edad gestacional.
Variables cuantitativas	Edad materna, peso materno, talla materna, numero de gestas, número de partos, número de abortos, no de cesáreas, periodo intergenésico, control prenatal. Semanas de gestación, peso al nacer, Apgar, Silverman

Tabla 2 clasificación general de variables

	Variable	Definición	Tipo	Clasificación	Escala De Medición	Instrumento De Evaluación.
Variables relacionadas con la Madre	Ocupación	El concepto se utiliza como sinónimo de trabajo, labor o quehacer.	Nominal	Cualitativa	ama de casa, estudiante, empleada (Tecnica o prefesinal, obrera)	Historia clínica
	Estado civil	Condición de una persona según el registro civil en función de si tiene o no pareja y su situación legal respecto a esto. Conjunto de las circunstancias personales que determinan los derechos y obligaciones de las personas	Nominal	Cualitativa	Casado, viudo, divorciado, soltero, unión libre	Historia clínica
	Religión	Conjunto de creencias religiosas, de normas de comportamiento y de ceremonias de oración o sacrificio que son propias de un determinado grupo humano y con las que el hombre reconoce una relación con la divinidad (un dios o varios dioses).	Nominal	Cualitativa	Nominal	Historia clínica
	Escolaridad	Período de tiempo que un niño o un joven asiste a la escuela para estudiar y aprender, especialmente el tiempo que dura la enseñanza obligatoria.	Nominal	Cualitativa	Primaria, secundaria, bachillerato, superior, post grado	Historia clínica
	Tabaquismo	Intoxicación aguda o crónica producida por el consumo abusivo de tabaco.	Nominal dicotómica	Cualitativa	Si/no	Historia clínica
	Alcoholismo	Enfermedad causada por el consumo abusivo de bebidas alcohólicas y por la adicción que crea este hábito.	Nominal dicotómica	Cualitativa	Si/No	Historia clínica
	Uso de drogas	Se define como una enfermedad crónica y recurrente del cerebro que se caracteriza por la búsqueda y el consumo compulsivo de drogas, a pesar de sus consecuencias nociva	Nominal dicotómica	Cualitativa	Si/No	Historia clínica
	Factor RH negativo	Se refiere a la ausencia de proteína integrada a la membrana de los glóbulos rojos	Nominal dicotómica	cualitativa	Si/No	Historia clínica
	Antecedente de perdida fetal	Se refiere al antecedente de muerte previa a la expulsión o extracción completa del producto dela concepción, independientemente de la edad de la duración del embarazo. Según la edad gestacional debe ser a partir 22 de gestación o un peso al momento de nacimiento mayor a 500 gramos.	Nominal dicotómica	Cualitativa	Si/No	Historia clínica
	Diagnóstico de cervico vaginitis.	Proceso infeccioso e inflamatorio del útero, cérvix, la vagina y la vulva.	Nominal dicotómica	cualitativa	Si/No	Historia clínica
	Diagnóstico de pre eclampsia-eclampsia	Clasificación clínica de La pre eclampsia es la hipertensión de reciente comienzo con proteinuria después de las 20 semanas de gestación. La eclampsia es la presencia de convulsiones generalizadas inexplicables en pacientes con pre eclampsia	Nominal dicotómica	Cualitativa	Si/No	Historia clínica
	Hipertensión arterial crónica	También conocida como tensión arterial alta o elevada, es un trastorno en el que los vasos sanguíneos tienen una tensión persistentemente alta, lo que puede dañarlos	Nominal dicotómica	Cualitativa	Si/No	Historia clínica
	Hipertensión gestacional	Elevación de la tensión arterial que se presenta por primera vez posterior a las 20 semanas de gestación con ausencia de proteinuria demostrada con recolección de orina en 24 horas	Nominal dicotómica	Cualitativa	Si/No	Historia clínica
	Anemia	La anemia es un trastorno en el cual el número de eritrocitos (y, por consiguiente, la capacidad de transporte de oxígeno de la sangre) es insuficiente para satisfacer las necesidades del organismo.	Nominal dicotómica	Cualitativa	Si/No	Notas obstétricas
	Infección de vías urinarias	La infección del tracto urinario (ITU) consiste en la colonización y multiplicación microbiana, habitualmente bacteriana, a lo largo del trayecto del tracto urinario	Nominal dicotómica	Cualitativa	presento / NO Presento	Historia clínica
	Diabetes gestacional	La diabetes es una enfermedad crónica que aparece cuando el páncreas no produce insulina suficiente o cuando el organismo no utiliza eficazmente la insulina que produce.	Nominal dicotómica	Cualitativa	presento / NO Presento	Historia clínica
	Diabetes	La diabetes gestacional corresponde a una hiperglicemia que se detecta por primera vez durante el embarazo	Nominal dicotómica	Cualitativa	presento / NO Presento	Historia clínica
	Anomalías placentarias	Placenta Previa, Placenta Accreta Y Vasa Previa	Nominal dicotómica	Cualitativa	presento / NO Presento	Nota obstétrica
	Edad materna	Años cumplidos por la madre al momento del parto	Numérica	Cuantitativa	Número de años	Historia clínica
	Numero de gestas	Número de embarazos que ha presentado una mujer	Numérica	Cuantitativa	Numero de gesta	Historia clínica
	Número de partos	Número de nacimientos nacidos por vía vaginal	Numérica	Cuantitativa	Número de partos	Historia clínica
	Número de abortos	Número de embarazos con termino en aborto	Numérica	Cuantitativa	Número de abortos	Historia clínica
	Número de cesáreas	Número de nacimientos por cesárea	Numérica	Cuantitativa	Número de cesareas	Historia clínica
	Periodo intergenésico	Número de años entre un embarazo y otro	Numérica	Cuantitativa	Número años entre un embarazo y otro.	Historia clínica
	Edad gestacional	Semanas de vida intrauterina cumplidas al momento del parto	Numérica	Cuantitativa	Numero entre 22 y 42 sdg	Historia clínica

Tabla 3 matriz de clasificación de variables relacionadas con la madre.

	Variable	Definición	Tipo	Clasificación	Escala De Medición	Instrumento De Evaluación.
Variables Relacionadas con el RN	Presentación cefálica	Polo del feto que se pone en contacto con el estrecho superior de la pelvis, la ocupa totalmente y desencadena trabajo departo	Nominal dicotómica	Cualitativa	Si/No	Nota obstétrica
	Relación peso/ edad gestacional	Clasificación acorde a con el peso corporal al nacer y la edad de gestación de los recién nacidos.	Nominal	Cualitativa	Recién nacido con peso pequeño para la edad gestacional. Recién nacido de peso adecuado.	Nota de valoración pediátrica.
	Patología neonatal	Se refiere a la presencia de: Prematurez, asfixia, sepsis, trauma al nacimiento, síndrome de dificultad respiratoria distrés respiratorio ,síndrome de membrana hialina, síndrome de aspiración de meconio, taquipnea transitoria del recién nacido, infecciones, enterocolitis necrotizante isoinmunizacion a factor RH)	Nominal	cualitativa	diagnostico	Nota de valoración pediátrica.
	Malformaciones congénitas	Alteraciones anatómicas que ocurren en la etapa intrauterina y que pueden ser alteraciones de órganos, extremidades o sistemas, debido a factores medioambientales, genéticos, deficiencias en la captación de nutrientes, o bien consumo de sustancias nocivas	Nominal	Cualitativa	Anencefalia, Conducto arterioso permeable, Defecto del tabique auricular, Enfermedad de hirschsprung, Gastrosquisis, Hidrocefalo congenito, no especificado, Holoprosencefalia, Malformacion congenita del corazon, no especificada, Malformacion congenita del sistema nervioso no especificada, Malformaciones congenitas multiples, no clasificadas en otra parte, Otras malformaciones congenitas de la traquea, Otras malformaciones congenitas del corazón especificadas, Riñon poliquistico tipo infantil	Nota valoración pediátrica
	Necesidad de reanimación	Maniobras de resucitación cardiopulmonar al nacer	Nominal dicotómica	Cualitativa	Si/No	Nota de valoración pediátrica
	Ventilación neonatal	Todo procedimiento externo, manual o mecánico que supla o mejore la función pulmonar	Nominal dicotómica	Cualitativa	Si/No	Nota de valoración pediátrica
	Lactancia materna	Es el tiempo durante el cual el bebé se alimenta exclusivamente de leche de la madre.	Nominal dicotómica	cualitativa	Si/No	Nota de valoración pediátrica
	Peso al nacimiento	Peso en gramos del niño al momento del nacimiento	Numérica	Cuantitativa	numérico	Nota de valoración pediátrica
	Apgar al nacimiento	Examen clínico que se realiza al primer y quinto minutos después del nacimiento	Numérica	Cuantitativa	0-10	Nota de valoración pediátrica
	Silverman	Examen clínico que valora la dificultad respiratoria de un recién nacido	numérica	Cuantitativa	0-10	Nota de valoración pediátrica
	Causa de Muerte	Codificación de las causas o problemas que determinaron la muerte perinatal	Nominal	Cualitativa	Clasificación Cie 10	Certificado De Defunción Y Certificado de muerte fetal.

Tabla 4 matriz de clasificación de variables relacionadas con el RN.

	Variable	Definición	Tipo	Clasificación	Escala De Medición	Instrumento De Evaluación.
Variables Relacionadas con la Atención	Líquido amniótico de características normales	Liquido amniótico de aspecto claro, ligeramente opaco, blanco grisáceo, olor semejante al de hipoclorito de sodio.	Nominal dicotómica	Cualitativa	Si/No	Nota obstétrica post parto
	Parto precipitado	Se caracteriza por durar de 3 horas hasta menor de 5 horas	Nominal dicotómica	Cualitativa	Si/No	Nota obstétrica post. parto
	Parto prolongado	Se caracteriza por duración del trabajo de parto de más de 20 horas.	Nominal dicotómica	cualitativa	Si/No	Parto grama
	Parto múltiple	Aquel que tiene como resultado el nacimiento de más de 1bebe	Nominal dicotómica	cualitativa	Si/No	Nota post. parto
	Parto inducido	Parto provocado mediante fármacos como la oxitocina	Nominal dicotómica	Cualitativa	Si/No	Parto grama
	Complicaciones del parto	Se refiere a: Ruptura prematura de membranas, sufrimiento fetal, asfixia perinatal, polihidramnios severo, bronco aspiración, oligohidramnios, hipoxia perinatal, trauma al parto, prolapso de cordón, nudo o constricción del cordón, corioamnionitis)	Nominal dicotómica	Cualitativa	Si/No	Nota post parto
	Hemorragia obstétrica	La hemorragia posparto (HPP) se define comúnmente como la pérdida de sangre de 500 ml o más en el término de 24 horas después del parto.	Nominal dicotómica	Cualitativa	Si/No	Nota post parto
	Ruptura prematura de membranas	La RPM es la pérdida de la continuidad de las membranas amnióticas con salida de líquido amniótico tras vaginal que se presenta antes del inicio del trabajo de parto	Nominal dicotómica	Cualitativa	Si/No	Parto grama
	Índice de riesgo obstétrico	Clasificación del embarazo en relación a aquel que presente en la madre, el feto y/o el neonatos, una probabilidad mayor de enfermar y morir o de padecer secuelas durante el embarazo o después del parto	Nominal dicotómica	Cualitativa	Bajo/alto	Historia clínica
	Tipo de nacimiento	En la Hoja de Hospitalización del Sistema Automatizado de Egresos Hospitalarios (SAEH) se identifican tres tipos de nacimiento: a) eutócico (vaginal espontáneo); b) vaginal asistido (distócico), y c) cesárea. De acuerdo con la CIE-10, hay diversos códigos que se emplean para codificar la morbilidad primaria, los cuales pueden emplearse para obtener los indicadores que interesen en este rubro.	Nominal	Cualitativa	Eutócico (vaginal espontaneo), Vaginal asistido (distócico), Cesárea.	Nota de valoración pediátrica
	Trimestre de inicio de control prenatal	Periodo en el cual se recibe la primera consulta	Numérica	Cuantitativa	Primer, segundo o tercer trimestre	Historia clínica

Tabla 5 matriz de clasificación de variables relacionadas con la atención

8. MÉTODO DE RECOLECCIÓN DE DATOS:

Se tomaron los datos registrados en los sistemas de información de mortalidad perinatal local, SISMORT y SEED perinatal, además de los expedientes clínicos de los casos de muerte perinatal, especialmente aquellos que comprendían mortalidad fetal, neonatal temprana y neonatal tardía, analizando los documentos correspondientes a historia clínica, partograma, nota post parto, notas de valoración de pediatría, notas pediátricas, certificado de defunción y muerte fetal, notas de trabajo social.

CAUSAS DE MUERTES PERINATALES QUE SE ESTUDIARAN SEGÚN LA CLASIFICACIÓN INTERNACIONAL DE ENFERMEDADES (CIE-10)

Muerte fetal de causa no especifica P95

Otras malformaciones congénitas Q89

Sepsis del recién nacido P36

Asfixia perinatal P36

Trastornos relacionados con la duración corta de la gestación o bajo peso al nacer P07

Hipoxia Intrauterina P20

Dificultad respiratoria del recién nacido P22

Otras malformaciones congénitas, no clasificadas en otra parte Q89

Otras malformaciones congénitas del corazón Q24

Otras afecciones originadas en el periodo perinatal P96

Síndrome de aspiración neonatal P24

Otras causas no clasificadas en P Y Q

Hemorragia intracraneal no traumática del feto y recién nacido P52

Malformaciones congénitas del sistema osteomuscular, no clasificadas en otra parte Q79

Neumonía congénita P23

Otros problemas respiratorios del recién nacido originados en el periodo perinatal P28

Feto y recién nacido afectados por complicaciones de la placenta, del cordón umbilical y de las membranas P02

Hemorragia pulmonar originada en el periodo perinatal P26

Trastornos cardiovasculares originados en el periodo perinatal P29

Anencefalia y malformaciones congénitas similares Q00

Feto y recién nacido afectados por complicaciones maternas del embarazo P01

Otras afectaciones de la piel especificas del feto y del recién nacido P83

Enterocolitis necrotizante del feto y del recién nacido P77

Malformaciones congénitas de las grandes arterias Q25

Enfisema intersticial y afecciones relacionadas originadas en el periodo perinatal P25

Malformaciones congénitas delas cámaras cardiacas y sus conexiones Q20

Feto y recién nacido afectados por condiciones dela madre no necesariamente relacionadas con el embarazo P00

Malformaciones congénitas de esófago Q39

Coagulación intravascular diseminada en el feto y el recién nacido P60

Ausencia, atresia y estenosis congénita del intestino delgado Q41

Ciertas afecciones originadas en el período perinatal - POO – P96 –

Feto y recién nacido afectados por condiciones de la madre no necesariamente relacionadas con el presente embarazo. P00-P00.9

Feto y recién nacidos afectados por complicaciones maternas del embarazo P01.0-P01.9

Feto y recién nacido afectados por complicaciones de la placenta, del cordón umbilical y de las membranas P02.0 – P02.9

Feto y recién nacido afectados por otras complicaciones del trabajo de parto y del parto P03.0 - P03.9

Feto y recién nacido afectados Por influencias nocivas transmitidas a través de la placenta o de la leche materna P04.0- P04.9

Retardo del crecimiento fetal y desnutrición fetal P05.0- P05-P07.3

Trastornos relacionados con el embarazo prolongando y con PP08.0- P08.2

Traumatismo del nacimiento P10.0-P15.9

Trastornos respiratorios y cardiovasculares específicos del período perinatal P020.0- P29.9

Asfixia del nacimiento P21.0-29.9

Infecciones específicas del período perinatal P35.0-P39.9

Trastornos hemorrágico y hematológico del feto y del recién nacido P50.0- P61.9

Trastornos endocrinos y metabólicos transitorios específicos del feto y del recién nacido P70.0- P74.9

Trastornos del sistema digestivo del feto y del recién nacido P76.0-P78.9

Malformaciones congénitas, deformidades y anomalías cromosómicas Q00.0-Q99.9

8.1. Plan para la tabulación, análisis y difusión de resultados

La información recabada se ingresó a una base de datos construida en el programa SPSS versión 23 para realizar los diferentes análisis. El análisis univariado, los datos fueron presentados con medidas de tendencia central y frecuencias las cuales se expresaron como porcentajes.

Se realizó un análisis de clúster, para identificar grupos de casos que contuvieron información (valores similares en las variables) para tratar de identificar qué factores son los que más se dan en la muestra de estudio.

9. CONSIDERACIONES ÉTICAS

La investigación planteada en este protocolo, estuvo apegada a los lineamientos del Reglamento de la Ley General de Salud, en materia de investigación para la salud, misma que señala en su artículo 17 la clasificación del riesgo de la investigación y la probabilidad de causar daños en los sujetos de investigación en estricto apego se clasifico a la presente investigación como SIN RIESGO, ya que no realizó ninguna intervención o modificación intencionada en las variables fisiológicas, psicológicas y sociales de los individuos. Además el presente estudio estuvo conducido por un investigador principal, profesional de la salud cuenta con la formación académica y experiencia para la dirección de este proyecto tal como se establece en el artículo 113 del mismo Reglamento de la Ley General de Salud.

Se consideraron los siguientes principios éticos de la investigación: Confidencialidad, la información recabada fue resguardada y manejada de manera confidencial, así todo archivo o documento será almacenado de manera adecuada en la jefatura de enseñanza durante un periodo máximo de 5 años y se eliminará al término del periodo señalado mediante incineración. Honestidad, se explicara de manera clara los objetivos y beneficios de la investigación y no se permitirá la manipulación de resultados.

Los beneficios de la investigación fueron la posibilidad de contar el establecimiento del valor predictivo del análisis de la prevalencia y los factores de riesgo en la ocurrencia de la mortalidad perinatal, mediante la investigación activa y el conocimiento del comportamiento de la mortalidad perinatal que permitirá mantener y mejorar los resultados de este indicador internacional, pues al conocer y actuar sobre los factores que contribuyen a los malos resultados permite establecer estrategias publicas más efectivas. El beneficio de los participantes en este estudio fue el identificar la presencia de factores de riesgo que puedan ser modificados para evitar un nuevo suceso de muerte perinatal, y podrán ser tratados de manera multidisciplinaria.

Los resultados obtenidos del presente proyecto serán publicados en cartel y expuestos en el pizarrón estadístico determinado para este fin por el departamento de enseñanza, además de ser expuestos en sesión general médica en el mes de febrero 2020.

10. RECURSOS FINANCIEROS.

Recursos humanos: Residente investigador de medicina familiar, asesores metodológicos y temáticos.

Recursos Materiales: Memoria USB, internet, impresora, 3 tintas para impresora, lapiceros, lápices, borradores, hojas tamaño carta, Copias, engargolados, paquete estadístico.

Recursos financieros: Los recursos necesarios para el proyecto serán proporcionados por el investigador.

11. RESULTADOS

El analizaron un total 110 expedientes en el periodo de 2015-2018 que cumplieron los requisitos de inclusión. Las tasas han mostrado una tendencia hacia la baja desde el 2015, en el 2018 la tasa de mortalidad perinatal y fetal tuvieron una muy ligera subida con respecto al 2017, situando las tasas actuales para el 2018 en 8.81 muertes perinatales por cada 1000 nacimientos, 3.30 muertes fetales por cada mil nacimientos, 3.30 muertes neonatales tempranas por cada mil nacimientos y 3.20 muertes neonatales tardías por cada mil nacimientos (figura 1).

TABLA DE RESULTADOS DE MORTALIDAD (PREVALENCIA)				
	2015	2016	2017	2018
Mortalidad perinatal	31.83	33.58	8.14	8.81
Mortalidad fetal	20.90	22.96	2.04	3.30
Mortalidad neonatal temprana	8.74	8.57	3.73	3.30
Mortalidad neonatal tardia	2.18	2.06	2.37	2.20

Figura 1. Tasas de mortalidad perinatal, fetal, neonatal temprana y neonatal tardía en el HGZ No 4, Celaya Gto.

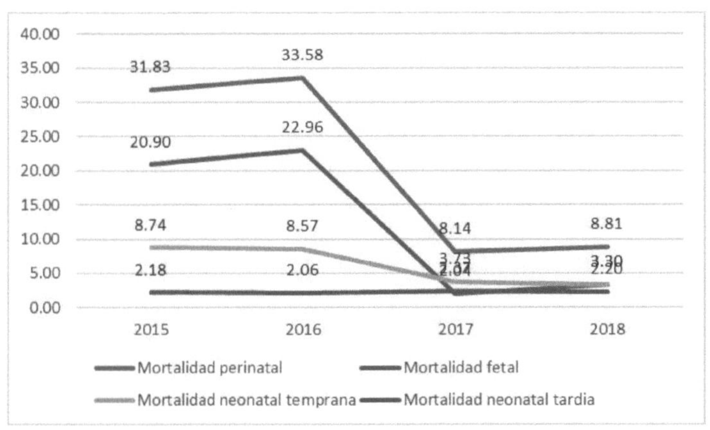

Antecedentes relacionados con la madre

Tabla 2. Edad materna

N	104
Media	27.10
Mediana	27.00
DE	5.812
Rango	26
Mínimo	17
Máximo	43

La edad mínima encontrada fue de 17 años y la máxima de 43 años, el promedio de edad materna fue de 27.10 años con una desviación estándar de 5.8 años, su distribución se presenta en la figura 2.

Figura 2. Edad materna

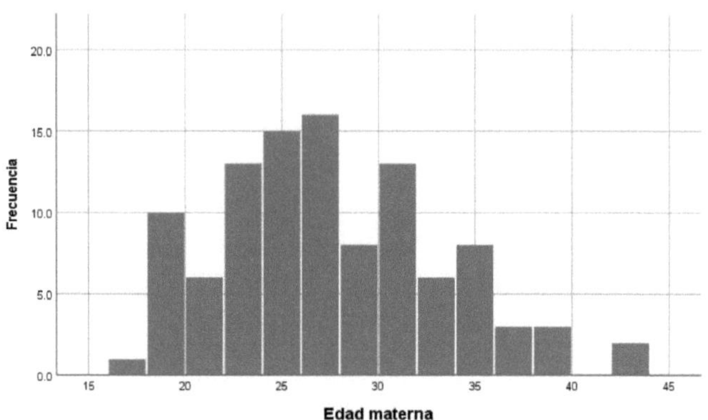

Tabla 3. Edad gestacional

N	107
Media	31.25
Mediana	30.00
DE	4.75
Rango	19
Mínimo	23
Máximo	42

La edad gestacional mínima fue de 23 semanas y la máxima de 42 semanas, con un promedio de 31.25 semanas y desviación estándar de 4.8 semanas, su distribución se presenta en la figura 3.

Figura 3. Edad gestacional

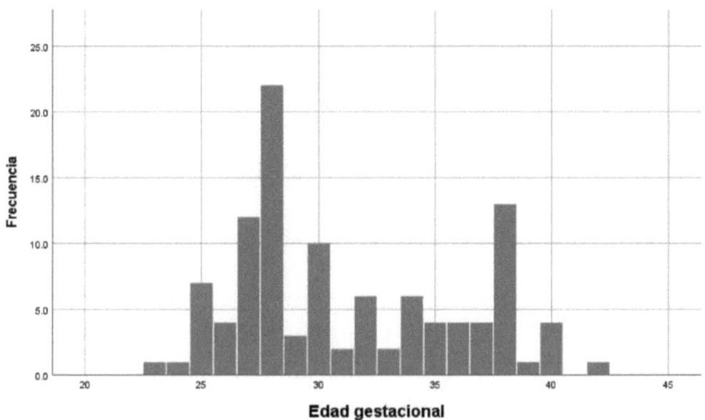

Tabla 4. Ocupación y estado civil

		Frecuencia	Porcentaje
Ocupación	Empleada	29	37.2
	Hogar	36	46.2
	Comerciante	3	3.8
	Obrera	8	10.3
	Ama de casa	1	1.3
	Estudiante	1	1.3
	Total	78	100
Estado civil	Soltera	18	21.4
	Casada	52	61.9
	Unión libre	13	15.5
	Viuda	1	1.2
	Total	84	100

La ocupación con mayor porcentaje fue el hogar con el 56.2% (36 de 78), seguido de empleada con el 37.2% (29 de 78), el estado civil más frecuente fue casada con el 61.9% (52 de 84), seguido de soltera con el 21.4% (18 de 84) [figura 4].

Figura 4. Ocupación y estado civil

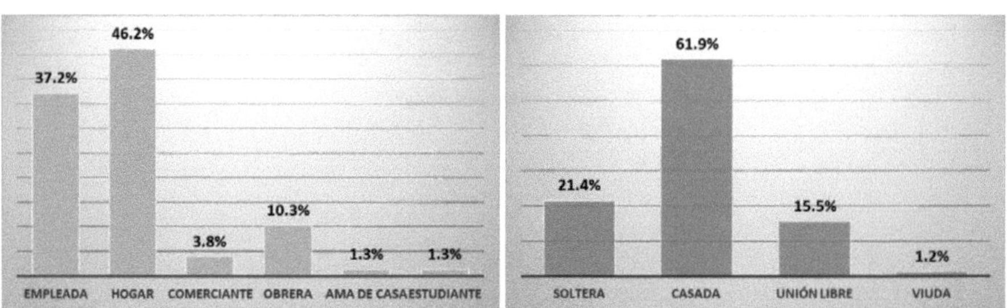

Solo se encontraron 58 registros para la escolaridad siendo la de mayor porcentaje la secundaria con el 46.6% (27 de 58) seguido de la preparatoria con el 31% (18 de 58).

Tabla 5. Tabaquismo, Alcoholismo, Uso de drogas y factor Rh negativo

	Si		No		Total	
	fr.	%	fr.	%	fr.	%
Tabaquismo	3	3.7	78	96.3	81	100
Alcoholismo	6	7.0	80	93.0	86	100
Uso de drogas	0	0.0	88	100.0	88	100
Factor rh negativo	3	3.4	84	96.6	87	100

Se tuvieron 3 casos de tabaquismo de 81 registrados (3.7%), para el alcoholismo se tuvieron 6 casos de 86 (7%), no hubo registro de uso de drogas, con factor Rh negativo se encontraron 3 casos de 84 (3.4%) [figura3].

Figura 5. Tabaquismo, Alcoholismo, Uso de drogas y factor Rh negativo

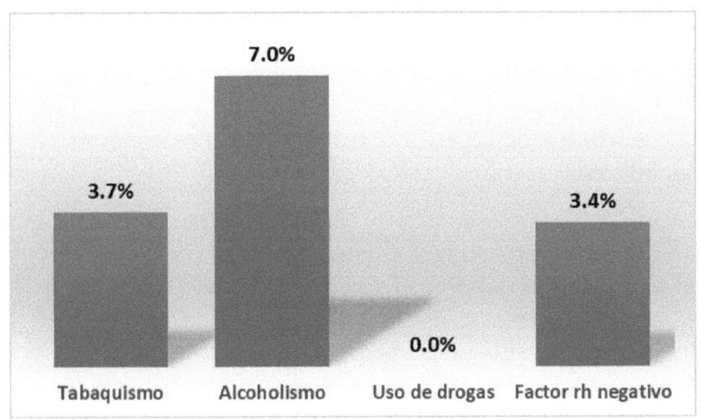

Tabla 6. Antecedentes

Antecedentes	Si		No		Total	
	fr.	%	fr.	%	fr.	%
Infección de vías urinarias	45	46.9	51	53.1	96	100
Ruptura prematura de membranas	23	23.0	77	77.0	100	100
Diagnóstico de cervico vaginitis.	20	20.4	78	79.6	98	100
De perdida fetal	19	20.4	74	79.6	93	100
Complicaciones del parto	17	17.7	79	82.3	96	100
Diagnóstico de pre eclampsia- eclampsia	12	12.6	83	87.4	95	100
Hemorragia obstétrica	7	7.2	90	92.8	97	100
Anemia	3	3.1	94	96.9	97	100
Hipertensión arterial crónica	2	2.1	95	97.9	97	100
Hhipertensión gestacional	2	2.1	94	97.9	96	100
Diabetes gestacional	1	1.1	93	98.9	94	100
Anomalías placentarias	1	1.0	97	99.0	98	100

Los tres antecedentes más comunes fueron, las infecciones de vías urinarias con el 46.9% (45 de 96), luego la ruptura prematura de membranas con el 23% (23 de 100), seguido del diagnóstico de cervico vaginitis con el 20.4% (20 de 98) [figura 6].

Figura 6. Antecedentes

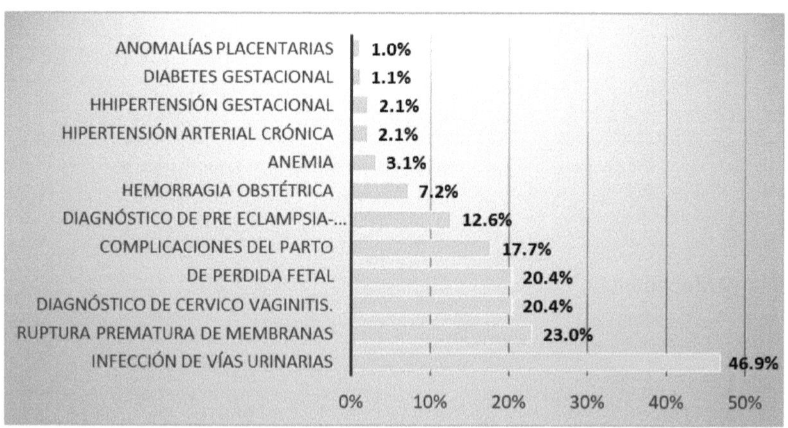

Tabla 7. Gestas

N	109
Media	2.09
Mediana	2.00
DE	1.280
Rango	5
Mínimo	1
Máximo	6

El número mínimo de gestas fue una y el número mayor de gestas fueron 6, el promedio de gestas fueron 2.09, con desviación estándar de 1.38, la distribución de los datos se muestra en la figura 7.

Figura 7. Gestas

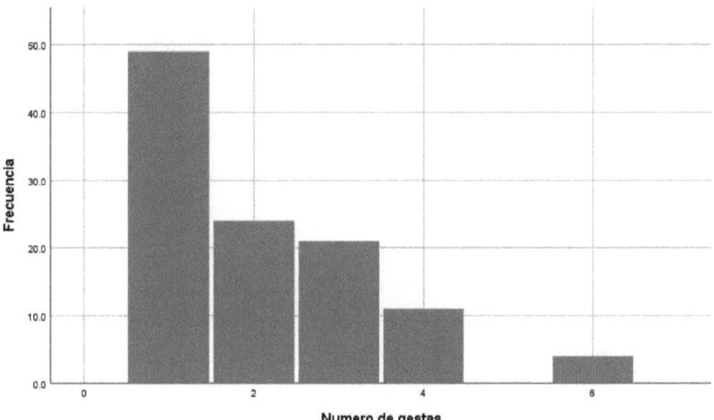

Tabla 8. Partos

N	106
Media	1.00
Mediana	1.00
DE	1.146
Rango	4
Mínimo	0
Máximo	4

El mínimo de gestas contestado fue de cero y el máximo de 4, el promedio fue de 1.00 gesta con una desviación estándar de 1.45, a distribución de los datos se muestra en la figura 8

Figura 8. Partos

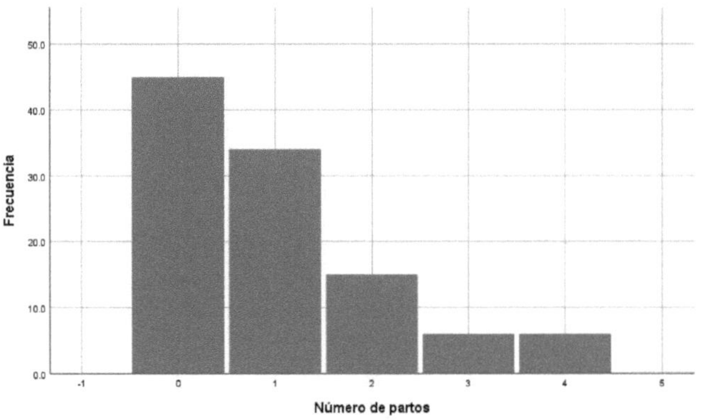

Tabla 9. Abortos

N	106
Media	0.27
Mediana	0.00
DE	0.544
Rango	3
Mínimo	0
Máximo	3

El mínimo de abortos contestado fue de cero y el máximo de 3, el promedio fue de 0.27 abortos con una desviación estándar de 0.55, la distribución de los datos se muestra en la figura 9.

Figura 9. Abortos

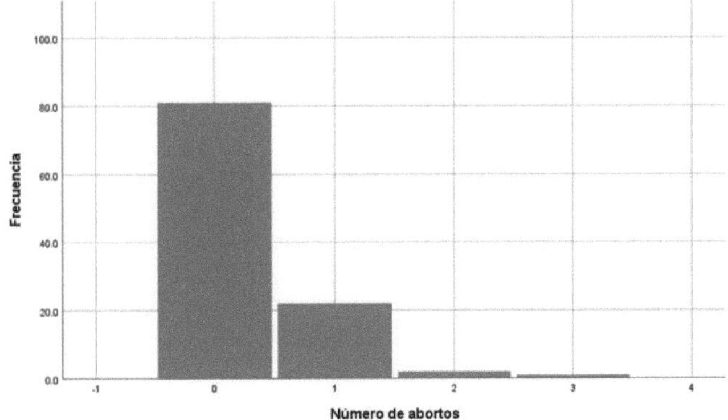

Tabla 10. Cesáreas

N	107
Media	0.58
Mediana	0.00
DE	0.673
Rango	3
Mínimo	0
Máximo	3

El número mínimo de cesáreas fue cero y el número mayor fue de 6, el promedio de cesáreas fue 2.09, con desviación estándar de 1.38, la distribución de los datos se muestra en la figura 10.

Figura 10. Cesáreas

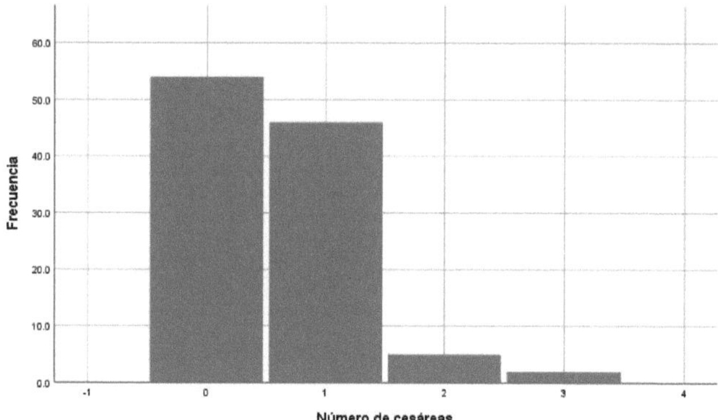

Factores relacionados con el recién nacido

Tabla 11. Tipo de parto

		Frecuencia	Porcentaje
Parto prolongado	No	102	98.1
	Si	2	1.9
	Total	104	100
Parto múltiple	No	99	95.2
	Si	5	4.8
	Total	104	100
Parto inducido	No	98	95.1
	Si	5	4.9
	Total	103	100
Complicaciones del parto	No	65	60.2
	Si	43	39.8
	Total	108	100

Se tuvieron 2 partos prolongados de 104 partos registrados (1.9%), 5 partos múltiples de 104 registrados (4.8%), 5 partos inducidos de 103 registrados (4.9% y se con respecto a las complicaciones se tuvieron 43 registros de 108 (39.8) [figura 11]

Figura 11. Tipo de parto

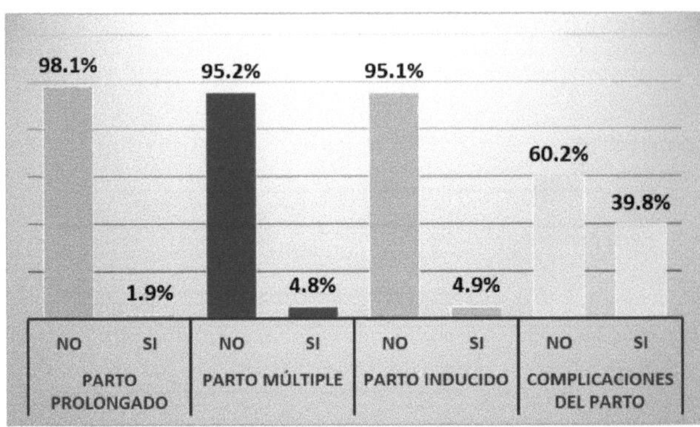

Tabla 12. Hemorragia obstétrica, ruptura prematura de membranas,

		Frecuencia	Porcentaje
Hemorragia obstétrica	No	103	98.1
	Si	2	1.9
	Total	105	100
Ruptura prematura de membranas	No	79	73.1
	Si	29	26.9
	Total	108	100

Solo se tuvieron 2 hemorragias obstétricas correspondiente al 1.9% (2 de 105), y 29 rupturas prematuras de membrana representando el 26.9% (29 de 108) [figura 12]

Figura 12. Hemorragia obstétrica, ruptura prematura de membranas

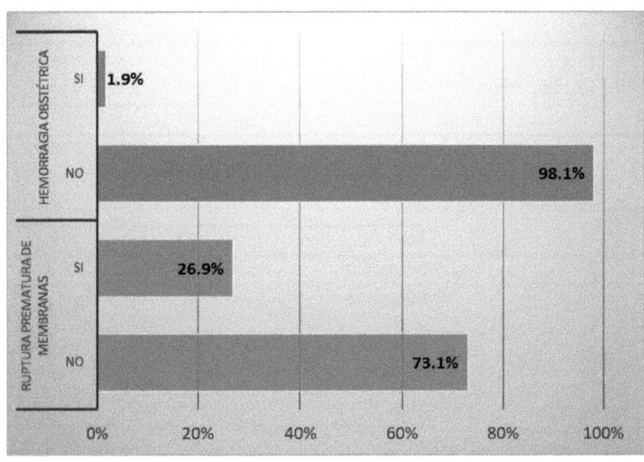

Tabla 13. Presentación cefálica, relación peso/edad gestacional y patología neonatal

		Frecuencia	Porcentaje
Presentación cefálica	No	17	17.2
	Si	82	82.8
	Total	99	100
Relación peso/edad gestacional	Bajo	14	31.1
	Adecuado	31	68.9
	Alto	0	0.0
	Total	45	100
Patología neonatal	Prematurez	41	38.3
	Síndrome de diestres respiratorio	29	27.1
	Malformación	15	14.0
	Otras	7	6.5
	Sepsis	15	14.0
	Total	107	100

El 82.8% (82 de 99) de los casos registrados tuvieron presentación cefálica, la mayoría con el 68.9% (31 de 45) tuvo una relación peso/edad gestacional adecuada y un 31.1% (14 de 45) la tuvo baja, la patología más común fue la prematurez con 38.3% (41 de 107) seguida del síndrome de diestres respiratorio con el 27.1% (29 de 107) [figura 13].

Figura 13. Presentación cefálica, relación peso/edad gestacional y patología neonatal

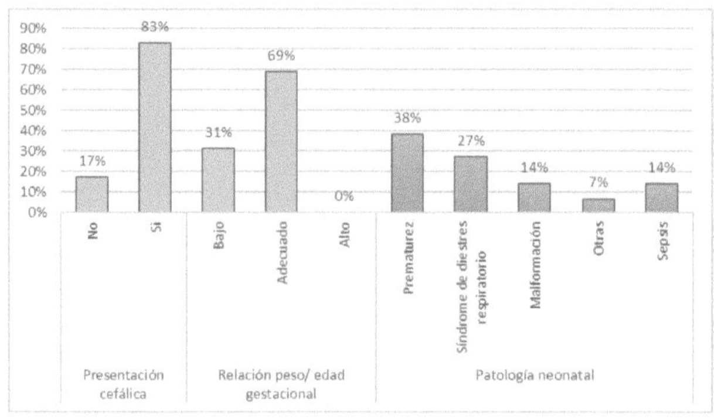

Tabla 14. Necesidad de reanimación, ventilación neonatal, lactancia materna

		Frecuencia	Porcentaje
Necesidad de reanimación	No	11	10.2
	Si	97	89.8
	Total	108	100
Ventilación neonatal	No	13	12.0
	Si	95	88.0
	Total	108	100
Lactancia materna	No	104	98.1
	Si	2	1.9
	Total	106	100

El 89.8% (97 de 108) tuvo con necesidad de reanimación, el 88% (95 de 108) tuvo ventilación neonatal y solo un 1.9% (2 de 106) tuvo registrado lactancia materna (figura 14).

Figura 14. Necesidad de reanimación, ventilación neonatal, lactancia materna

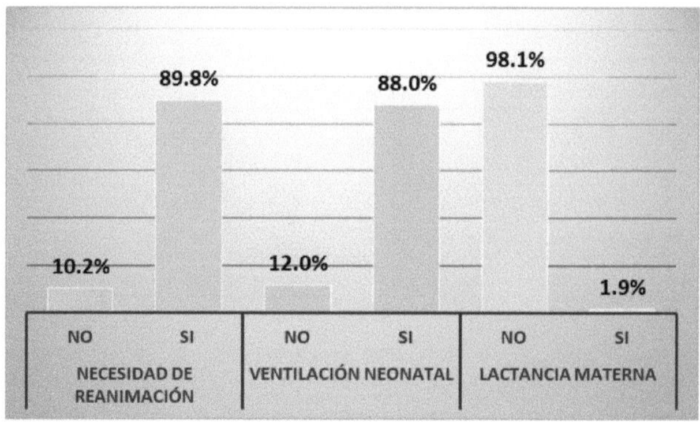

Tabla 15. Peso al nacimiento

N	105
Media	1509.49
Mediana	1200.00
DE	879.86
Rango	3246
Mínimo	154
Máximo	3400

El peso al nacimiento tuvo valor minino registrado de 154 gramos y un máximo de 3,400 gramos, un promedio 1509.5 gramos con una desviación estándar de 879.9 mg, la distribución de los datos se muestra en la figura 15.

Figura 15. Peso al nacimiento

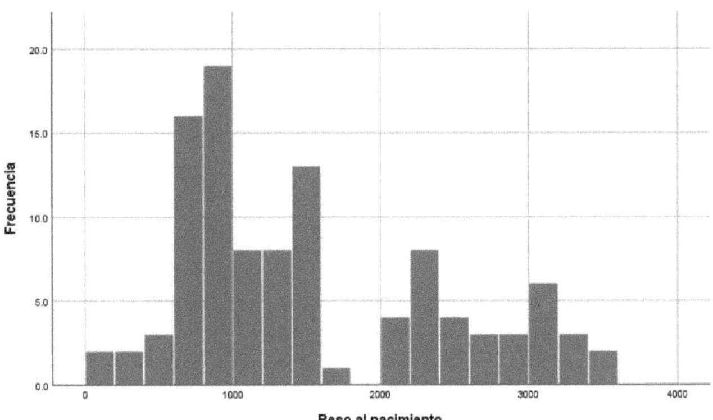

Tabla 16. Apgar al nacimiento

N	92
Media	5.10
Mediana	6.00
DE	2.90
Rango	9
Mínimo	0
Máximo	9

El Apgar al nacimiento tuvo valor minino 0 y un máximo de 9, un promedio 5.10, con una desviación estándar de 2.90, la distribución de los datos se muestra en la figura 16.

Figura 16. Apgar al nacimiento

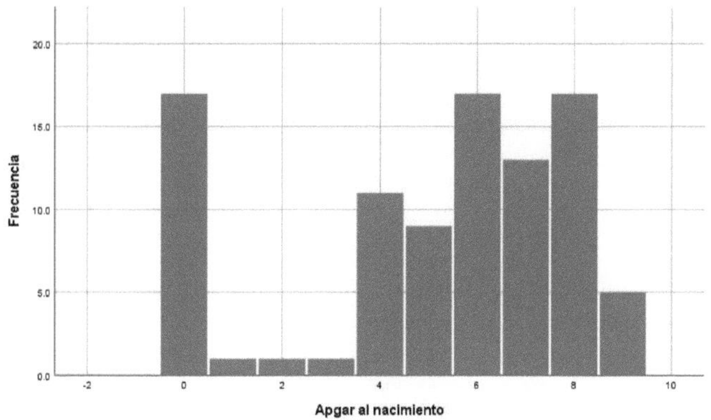

Tabla 17. Silverman

N	84
Media	2.21
Mediana	2.00
DE	2.02
Rango	8
Mínimo	0
Máximo	8

El índice de Silverman mínimo fue de 0 y el máximo de 8, el promedio fue de 2.21 y la desviación estándar de 2.02, la distribución de los datos se muestra en la figura 17.

Figura 17. Silverman

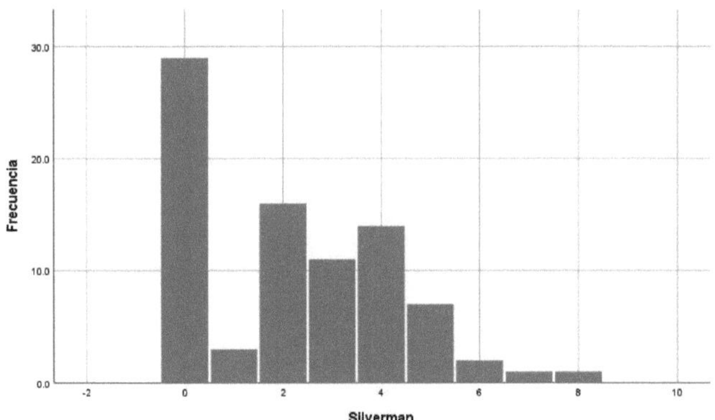

Tabla 18. Causa de muerte y líquido amniótico de características normales

		Frecuencia	Porcentaje
Causa de muerte	Afeccion originada en el periodo perinatal	98	89.1
	Malformaciones congénitas, deformaciones y anomalías cromosómicas	12	10.9
	Total	110	100
Líquido amniótico de características normales	No	10	9.6
	Si	94	90.4
	Total	104	100

La causa de muerte más registrada fue Afección originada en el periodo perinatal con el 89.1% (98 de 110), Malformaciones congénitas, deformaciones y anomalías cromosómicas represento el otro 10.9% (12 de 104) [figura 18].

Figura 18. Causa de muerte y líquido amniótico de características normales

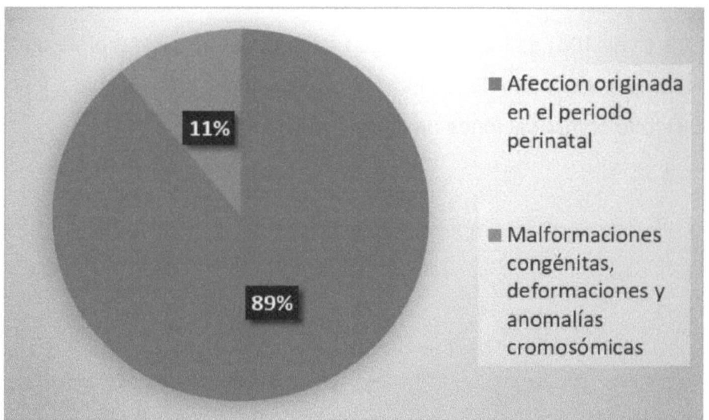

Antecedentes relacionados con la atención

Tabla 19. Tipo de parto y complicaciones del parto

		Frecuencia	Porcentaje
Parto prolongado	Si	2	1.9
	No	102	98.1
	Total	104	100
Parto múltiple	Si	5	4.8
	No	99	95.2
	Total	104	100
Parto inducido	Si	5	4.9
	No	98	95.1
	Total	103	100
Complicaciones del parto	Si	43	39.8
	No	65	60.2
	Total	108	100

Solo el 1.9% (2 de 104) de los casos registrados tuvieron parto prolongado, el 4.8% (5 de 104) tuvo parto múltiple, el 4.9% (5 de 103 tuvo parto inducido, y el 39.87% (43 de 108) tuvo complicaciones de parto (figura 19).

Figura 19. Tipo de parto y complicaciones del parto

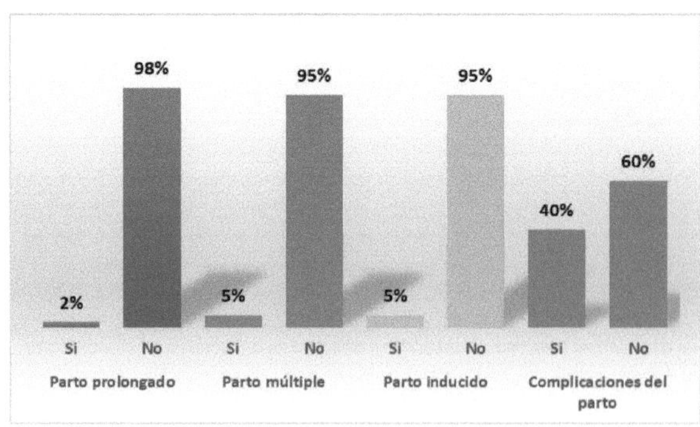

Tabla 20. Hemorragia obstétrica y ruptura prematura de membranas

		Frecuencia	Porcentaje
Hemorragia obstétrica	Si	2	1.9
	No	103	98.1
	Total	105	100
Ruptura prematura de membranas	Si	29	26.9
	No	79	73.1
	Total	108	100

Solo se reportó el 1.9% (2 de 105) de hemorragia obstétrica y 26.9% (29 de 108) de ruptura prematura de membranas (figura 20).

Figura 20. Hemorragia obstétrica y ruptura prematura de membranas

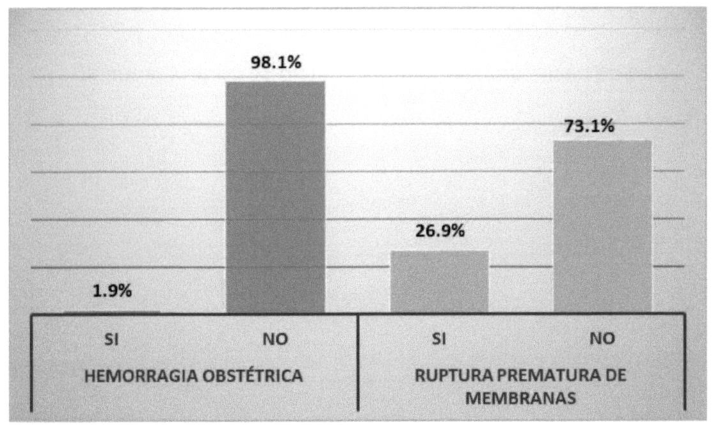

Tabla 21. Tipo de nacimiento, trimestre de inicio de control prenatal

		Frecuencia	Porcentaje
Tipo de nacimiento	Cesarea	61	58.1
	Vaginal distócico	2	1.9
	Vaginal espontaneo	42	40.0
	Total	105	100
Trimestre de inicio de control prenatal	Primero	70	84.3
	Segundo	12	14.5
	Tercero	1	1.2
	Total	83	100

La mayoría nació por cesárea el 58.1% (61 de 105), y el trimestre de inicio del control prenatal con más porcentaje fue el primero con 84.3% (70 de 83) [figura21].

Figura 21. Tipo de nacimiento, trimestre de inicio de control prenatal

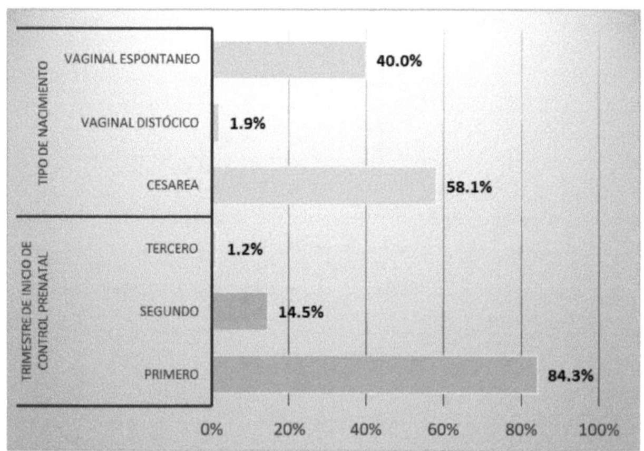

Análisis de clúster

Tabla 22. Antecedentes relacionados con la madre

1	2	3
41.5% (n = 34)	39.0% (n = 32)	19.5% (n = 16)
Antecedente de perdida total No (100%)	Antecedente de perdida total No (100%)	Antecedente de perdida total Si (100%)
Antecedente de vias urinarias Si (88.2%)	Antecedente de vias urinarias No (100%)	Antecedente de vias urinarias Si (56.2 2%)
Número de gestas 1.41	Número de gestas 1.94	Número de gestas 3.94
Número de abortos 0.18	Número de abortos 0	Número de abortos 0.94
Antecedente diagnóstico de cervico vaginitis. No (79.4%)	Antecedente diagnóstico de cervico vaginitis No (100%)	Antecedente diagnóstico de cervico vaginitis. Si (62.5%)

N = 82 (100%)

Para los antecedentes relacionados con la madre se encontraron tres grupos o clúster, cada clúster tienen en común los valores de las variables de su columna, para un total de 82 casos se encontró un clúster (1) de 34 casos (41.5%), que tiene en común los valores de las variables de la columna 1, es decir de estos 34 casos el 100% no tiene antecedente de pérdida total, el 88.2% tiene antecedente de vías urinarias, tienen un promedio de 1.41 gestas, un promedio de 0.18 abortos y el 79.4% tiene antecedente diagnóstico de cervico vaginitis.

Se dio un segundo clúster que abarca el 39% de los casos (32 de 82) con las características de la columna 2, y un tercer clúster que solo abarca el 19.5% (16 de 82) con las características de la columna 3.

Tabla 23. Antecedentes relacionados con el recién nacido

1	2	3
52.9% (18)	35.3% (12)	11.8% (4)
Necesidad de reanimacion Si (100%)	Necesidad de reanimacion Si (100%)	Necesidad de reanimacion No (100%)
Apgar al nacimiento 7.28	Apgar al nacimiento 6.17	Apgar al nacimiento 0
Ventilacion neonatal Si (94.4%)	Ventilacion neonatal Si (100%)	Ventilacion neonatal No (100%)
Relacion peso/edad gestacional Adecuado (100%)	Relacion peso/edad gestacional Bajo (75%)	Relacion peso/edad gestacional Adecuado (50%)
Presentacion cefalica Si (100%)	Presentacion cefalica Si (58.3%)	Presentacion cefalica No (75%)

N = 34 (100%)

Se encontraron 3 clúster en un total de 34 casos, por lo que los clúster no son tan grandes, el clúster 1 la más gran abarca el 52.9% (18 de 34), el segundo clúster el 35.3% (12 de 34), las características de cada clúster se observan en la tabla 16.

Tabla 24. Antecedentes relacionados con la atención

1	2
51.2% (42)	48.8% (40)
Complicaciones del parto No (100%)	Complicaciones del parto Sí (80%)
Ruptura prematura de membranas No (100%)	Ruptura prematura de membranas Sí (55%)
Trimestre de inicio del control prenatal Primero (100%)	Trimestre de inicio del control prenatal Primero (70%)
Tipo de nacimiento Cesarea (61.9%)	Tipo de nacimiento Cesarea (57.5%)

N = 82 (100%)

Para los antecedentes relacionados con la atención solo se encontraron dos clúster para un total de 82 casos, el primer clúster abarca el 51.2% (42 de 82) con sus características comunes indicadas por la columna uno de la tabla 17, el clúster dos abarca el 48.8% (40 de 82), con sus características comunes en la columna dos.

12. DISCUSIÓN

Los datos analizados en el presente estudio corresponden a los fallecidos en el hospital general de zona n.4 por lo tanto, los hallazgos y la inferencia de los mismos están restringidos a este hospital y su población usuaria. La tasa acumulada de mortalidad perinatal en la institución para el periodo de 2015-2018 fue de 21.02 por 1000 nacidos vivos ,tasa superior a la referida por los registros de DGIS para el 2015 7.7 para el estado de Guanajuato, la diferencia se explica por ser el centro de referencia de unidades medico familiares con embarazos complicados. Analizando el comportamiento de las tasas por año se observa que han mostrado una tendencia hacia la baja desde el 2015, en el 2018 la tasa de mortalidad perinatal y fetal tuvieron una muy ligera subida con respecto al 2017, situando las tasas actuales para el 2018 en 8.81 muertes perinatales por cada 1000 nacimientos, 3.30 muertes fetales por cada mil nacimientos, 3.30 muertes neonatales tempranas por cada mil nacimientos y 3.20 muertes neonatales tardías por cada mil nacimientos con tendencia a la baja con respecto de lo con reportado por González-Pérez DM y cols., señalan que a nivel nacional según las estadísticas del sistema información en mortalidad (SISMOR) del Instituto Mexicano del Seguro social (IMSS) la tasa de mortalidad neonatal nacional fue de 8.1 en el 2014 por cada 1000 nacidos vivos y la tasa estatal para el 2014 fue de 6.9 para Guanajuato.

La causa de muerte perinatal más registrada fue Afección originada en el periodo perinatal con el 89.1% (98 de 110), Malformaciones congénitas, deformaciones y anomalías cromosómicas represento el otro 10.9% (12 de 104) [figura 12]. De acuerdo con los resultados obtenidos por González-Pérez y cols., a nivel nacional (IMSS) las principales causas de muerte perinatal en el Instituto Mexicano del Seguro social se pueden clasificar en antepartum y dentro de este grupo encontramos las malformaciones congénitas y anomalías cromosómicas como primera causa, seguidos de infección, hipoxia antepartum, otros trastornos antepartum específicos, trastornos relacionados con el crecimiento fetal, muerte antepartum de causa no especifica.

El promedio de edad materna encontrado fue de 27.10 años con una desviación estándar de 5.8 años, la mayoría estuvo en el rango de 20 a 29 años con el 55.8%, sin embargo se consideran los extremos de la vida como alto riesgo de mortalidad, siendo estas las madres adolescentes o mayores de 35 años. Los factores sociodemográficos La ocupación con mayor porcentaje fue el hogar con el 56.2% (36 de 78), seguido de empleada con el 37.2% (29 de 78), el estado civil más frecuente fue casada con el 61.9% (52 de 84), seguido de soltera con el 21.4% (18 de 84) , Solo se encontraron 58 registros para la escolaridad siendo la de mayor porcentaje la secundaria con el 46.6% (27 de 58) seguido de la preparatoria con el 31% (18 de 58),similar a los resultados de Leonarda Pino Ocampos y Col en su estudio de factores de riesgo de mortalidad Neonatal del 2013_2014 donde reporta 42% de casos con registro de estado civil unión libre, 37% de los casos con escolaridad secundaria y el 93 % de los mismos dedicada al hogar.

La edad gestacional promedio encontrada es de 31.25 semanas de gestación con desviación estándar de 4.8 semanas, la mayoría se observa en el rango de 23 a 42 semanas de gestación, tipo de nacimiento por cesárea, coincide con los hallazgos de S. Jiménez Puñales y R.J. Pentón Cortés describen la edad gestacional 28.4 en estudio de casos y contrales además señalan el parto pre término como el factor de riesgo que más se presenta en la mortalidad perinatal; el periodo intergenésico acortado es el factor que le sigue en orden de frecuencia; el parto por cesárea constituye el tercero.[19]

Con respecto de los antecedentes ginecobstetricos, que es el presente estudio se categorizaron como asociados con la madre el 45 % de los casos presento 1 gesta como mayor porcentaje, con un promedio 1 parto en el 57.5% y desviación estándar 1.1 partos, abortos con promedio 0.27 , cesáreas promedio de 0.6 con

desviación estándar de 0.7 al menos se tuvo una cesárea en el 49.5% de los casos, en coincidencia con los hallazgos de Leonarda Pino Ocampos y Col, quienes describen en su estudio de casos y controles de 1a2 gestas en el 45% de los casos de 1a2 partos en el 41% de los casos,0 abortos en el 95 % de los casos 1 cesárea en el 92%.Los tres antecedentes más comunes fueron, las infecciones de vías urinarias con el 46.9% (45 de 96), luego la ruptura prematura de membranas con el 23% (23 de 100), seguido del diagnóstico de cervico vaginitis con el 20.4% (20 de 98) [figura 4].

En los factores categorizados como asociados al recién nacido observamos que 82.8% (82 de 99) de los casos registrados tuvieron presentación cefálica, la mayoría con el 68.9% (31 de 45) similar a los resultados de Leonarda Pino Ocampos y col quien señala a la presentación cefálica como factor de riesgo con fuerza de asociación de 5.03. Se obtuvo una relación peso/edad gestacional adecuada y un 31.1% (14 de 45) la tuvo baja; sin embargo el peso promedio fue de 1509.5 grs que se considera un factor de mayor riesgo de mortalidad como es señalado también en el estudio de Leonarda Pino Ocampos y Col, quien observa una fuerza de asociación de 33.1, por lo tanto un peso menor de 2500 grs es un fuerte factor de riesgo. La patología más común fue la prematurez con 38.3% (41 de 107) muy similar a los resultados del mismo estudio de Leonarda Pino Ocampos y Cols quien otorga un OR 13.33.

El 89.8% (97 de 108) tuvo con necesidad de reanimación, el 88% (95 de 108) tuvo ventilación neonatal y solo un 1.9% (2 de 106) tuvo registrado lactancia materna.

El peso al nacimiento tuvo valor minino registrado de 154 gramos y un máximo de 3,400 gramos, un promedio 1509.5 gramos con una desviación estándar de 879.9 mg, El Apgar al nacimiento tuvo una media de 5.1 puntos con una desviación estándar de 2.9, considerándose con este puntaje una depresión respiratoria moderada a grave, que para fines de estadística Leonarda Pino Ocamos y Cols otorgan una fuerza de asociación de 34.4 considerándose a esta escala como importante factor de riesgo , Silverman tuvo un promedio de 2.2 puntos con una desviación estándar de 2.0 puntos.

Las variables categorizadas como asociadas a la atención destacan las complicaciones durante el parto o cesárea que son un factor de riesgo para muerte neonatal con fuerza de asociación de 4.25 según Leonarda Pino Ocamos y Cols, en el presente estudio se observó que el 39.87% (43 de 108) tuvo complicaciones de parto, la complicación más frecuente observada es la ruptura prematura de membranas con una frecuencia de 26.9 (29 de 108). El 100% de los casos registraron contar con control prenatal siendo el trimestre de inicio del control prenatal con más porcentaje el primero con 84.3% (70 de 83).

13. Conclusiones

Teniendo en cuenta el objetivo general "Determinar la prevalencia de la mortalidad perinatal y los factores relacionados en el Hospital General No. 4 de Celaya Guanajuato, que favorezcan la identificación de estrategias que disminuyan la mortalidad perinatal de acuerdo al análisis de resultados" podemos concluir que:

- El comportamiento de las tasas por año se observa que han mostrado una tendencia hacia la baja desde el 2015.
- Las tasas actuales para el 2018 en 8.81 muertes perinatales por cada 1000 nacimientos, 3.30 muertes fetales por cada mil nacimientos, 3.30 muertes neonatales tempranas por cada mil nacimientos y 2.20 muertes neonatales tardías por cada mil nacimientos.
- La causa de muerte perinatal más registrada fue Afección originada en el periodo perinatal.
- En los factores asociados a la madre se pueden describir son los factores sociodemográficos como la ocupación con mayor porcentaje fue el hogar, la escolaridad siendo la de mayor porcentaje la secundaria, la edad gestacional promedio encontrada es de 31.25 semanas de gestación, la mayoría se observa en el rango de 23 a 42 semanas, tipo de nacimiento por cesárea.
- Los tres antecedentes más comunes fueron, las infecciones de vías urinarias con el 46.9%, ruptura prematura de membranas con el 23%, y diagnóstico de cervico vaginitis con el 20.4%.
- En los factores categorizados como asociados al recién nacido observamos que 82.8% de los casos registrados fueron presentación cefálica, el peso promedio fue de 1509.5 grs que se considera un factor de mayor riesgo de

- mortalidad. La patología más común fue la prematurez con 38.3% .El 89.8% tuvo con necesidad de reanimación avanzada y ventilación mecánica neonatal, Apgar al nacimiento tuvo una media de 5.1 puntos considerándose con este puntaje una depresión respiratoria moderada a grave.

- Las variables categorizadas como asociadas a la atención destacan las complicaciones durante el parto o cesárea que son un factor de riesgo para muerte neonatal, la complicación más frecuente observada es la ruptura prematura de membranas con una frecuencia de 26.9 %.

Los factores asociados identificados corresponden a factores prevenibles por lo que se concluye se requiere fortalecer calidad del control prenatal, con la prevención, identificación y atención calificada de las complicaciones prenatales, y en su caso el tratamiento especializado del recién nacido bajo protocolos basados en evidencia. Debido a las dificultades para el presente estudio se sugiere apego a la NOM 04 SSA3 2012 con respecto al correcto llenado del expediente clínico, se sugiere la utilización del presente estudio como herramienta para el comité de morbilidad materno-fetal que permita identificar áreas de oportunidad y estrategias de fortalecimiento en la atención.

Se sugiere realizar otros estudios de asociación para la mejor identificación de acciones preventivas efectivas.

14. REFERENCIAS BIBLIOGRÁFICAS.

1. Unidad N. Objetivos de desarrollo sostenible, 17 objetivos para transformar nuestro mundo. [Online].; 2016 [cited 2018 marzo 12. Available from: http://www.undp.org/content/undp/es/home.html.

2. Secretaría de Salud ssdlyc. Norma oficial Mexicana NOM-040-SSA- 2004, En Materia de Informacion en Salud. 2004..

3. Unidas SGdCEySdIN. Progresos en el logro de los Objetivos de Desarrollo Sostenible. informe de resultados. Sistema de las Naciones Unidas, Foro político de alto nivel sobre el desarrollo sostenible, celebrado bajo los auspicios del consejo economico y social; 2017. Report No.: E/2017/66*.

4. Villasís-Keever MÁ. Actualizacion de las causas de mortalidad perinatal: la OMS publicó en 2016 el ICE-PM. Revista Mexicana de PEDIATRÍA. 2016; 83(4).

5. Diana María Gonzalez Perez GPRJCL. Tendencia y causas de la mortalidad neonatal en el Instituto Mexicano del Seguro Social 2011-2014, a nivel nacional. Revista Mexicana de PEDIATRIA. 2016; 83(4).

6. General CdS. Guia de Práctica Clínica Diagnostico y Tratamiento de Muerte Fetal en Feto Unico. 2012. Catálago maestro de guías de práctica clínica: IMSS567-12.

7. Salud Sd. Base de datos de defunciones neonatales 205-2015. informacion en linea. Cd de México: secretaria de salud, Direccion general de Informacion en Salud; 2015.

8. Salud Sd. Boletin de Informacion estadistica 2014-2015. boletin. Cd. de Mexico: Secretaria de Salud, Direccion General de Informacion en Salud (DGIS); 2015.

9. Calvillo MNR. Análisis de Muerte fetal tardia. Perinatologia y Reproduccion Humana. 2014 Mayo; 28(3).

10. Cortes SJPyRJP. Mortalidad perinatal. Factores de riesgo asociados. clínica e investigacion en ginecologia y obstetricia. 2015; 42(1).

11. Julián A. Herrera MD. Evaluacion del riesgo obstétrico en el cuidado prenatal. Colombia Médica. 2002; 33(1).

12. Misnaza SP RCPIPF. Areas de alta mortalidad perinatal debida a anomalías congénitas: analiss de estadisticas vitales, Colombia, 1999-2018. Biomédica. 2016; 36(3).

13. Organizacion Mundial de la Salud eSyUAKeeP. Alianza para la salud de la Madre, el Recien nacido y el Niño 2011. examen mundial de las intervenciones fundamentales relacionada con la salud reproductiva, de la madre, el recien nacido y el niño. 2011. ginebra: Alianza para la salud de la madre, el recien nacido y el niño.

14. S. Carrera Muiños EYMGCGSRMyLCD. morbimortalidad del recin nacido prematuro hijo de madre adolescente en la unidad de cuidados intensivos Neonatales. PERINATOLOGIA Y REPRODUCCIÓN HUMANA. 2015; 29(1).

15. Salud DRSd. PROGRAMA SECTORIAL DE SALUD 2013-2018. 2014. Versión electronica.

16. Salud OMdl. www. who.int/mediacentre/news/releases/2011/reduce_maternal_deaths_20111215 /en/index. html. [Online].; 2012 [cited 2017 octubre 17. Available from: www. who.int/mediacentre/news/releases/2011/reduce_maternal_deaths_20111215 /en/index. htm.

17. Leonarda Pino Ocampos CLPE. Factores de Riesgo Asociados a la Mortalidad Neonatal en el Servicio de Neonatologia del Hospital regional de Coronel Oviedo Dr Jose Angel Samudio,periodo 2013-2014. Inst. Med Trop. 2016 Noviembre; 1(22-23).

18 González-Pier E, Barraza-Lloréns M, Beyeler N, Jamison D, KnaulF, Lozano R et al. Mexico's path towards the Sustainable Development Goal for health: an assessment of the feasibility of reducing premature mortality by 40% by 2030. Lancet Glob Health.2016 4:
e714-e 725

19 S.Jiménez Puñales y R.J Pentón Cortés.Mortalidad perinatal. Factores de riesgo asociaados.Rev Clin Invest Gin Obst. 2015;42(1):2-6

20 Cortés SJPyRJP. Mortalidad perinatal. Factores de riesgo asociados. Clin Invest Obst. 2015 Jan; 42(2-6).

15.- ANEXOS.

DIRIGIDO A:

DR. HUGO ADRIÁN AYALA AYALA

Por medio de la presente solicito su autorización para el acceso a la información y la recolección de datos por medio de revisión de expedientes para realizar el protocolo de investigación sobre ***"PREVALENCIA Y FACTORES CONDICIONANTES RELACIONADOS A LA MUERTE PERINATAL EN EL HOSPITAL GENERAL DE ZONA N. 4 CELAYA IMSS, GUANAJUATO"*** el cual se realizará bajo la supervisión de la **Dra. Julia Sánchez Hernández** quien es el investigador principal y responsable. En este trabajo participará la Dra. **Yereni Gómez López**, Médico residente de 2do año de la especialidad de Medicina Familiar, quien funge como investigador colaborador.

____

DIRECTOR:
Dr. Hugo Ayala Ayala
Director Hospital General De Zona No.4. Celaya. Guanajuato

____

INVESTIGADOR PRINCIPAL:
Dra. Julia Sánchez Hernández

Médico Especialista en Neumología y Dra. En Ciencias, adscrita al Hospital General de Zona No 4 de Celaya Guanajuato. Correo electrónico: medsanchez@gmail.com. Tel Cel. 461 2540905

Hojas de Captura "“PREVALENCIA Y FACTORES CONDICIONANTES RELACIONADOS A LA MUERTE PERINATAL EN EL HOSPITAL GENERAL DE ZONA N. 4 CELAYA IMSS, GUANAJUATO”

	Variable	Tipo	Clasificación	Escala De Medición	Instrumento De Evaluación.	EXPEDIENTE 1	EXPEDIENTE 2	EXPEDIENTE 3	EXPEDIENTE 4	EXPEDIENTE 5	EXPEDIENTE 6	EXPEDIENTE 7	EXPEDIENTE 8
Variables relacionadas con la Madre	Ocupación	Nominal	Cualitativa	ama de casa, estudiante, empleada (Tecnica o prefesinal, obrera)	Historia clínica								
	Estado civil	Nominal	Cualitativa	Casado, viudo, divorciado, soltero, unión libre	Historia clínica								
	Religión	Nominal	Cualitativa	Nominal	Historia clínica								
	Escolaridad	Nominal	Cualitativa	Primaria, secundaria, bachillerato, superior, post grado	Historia clínica								
	Tabaquismo	Nominal dicotómica	Cualitativa	Si/no	Historia clínica								
	Alcoholismo	Nominal dicotómica	Cualitativa	Si/No	Historia clínica								
	Uso de drogas	Nominal dicotómica	Cualitativa	Si/No	Historia clínica								
	Factor RH negativo	Nominal dicotómica	cualitativa	Si/No	Historia clínica								
	Antecedente de perdida fetal	Nominal dicotómica	Cualitativa	Si/No	Historia clínica								
	Diagnóstico de cervico vaginitis.	Nominal dicotómica	cualitativa	Si/No	Historia clínica								
	Diagnóstico de pre eclampsia-eclampsia	Nominal dicotómica	Cualitativa	Si/No	Historia clínica								
	Hipertensión arterial crónica	Nominal dicotómica	Cualitativa	Si/No	Historia clínica								
	Hipertensión gestacional	Nominal dicotómica	Cualitativa	Si/No	Historia clínica								
	Anemia	Nominal dicotómica	Cualitativa	Si/No	Notas obstétricas								
	Infección de vías urinarias	Nominal dicotómica	Cualitativa	presento /NO Presento	Historia clínica								
	Diabetes gestacional	Nominal dicotómica	Cualitativa	presento /NO Presento	Historia clínica								
	Diabetes	Nominal dicotómica	Cualitativa	presento /NO Presento	Historia clínica								
	Anomalías placentarias	Nominal dicotómica	Cualitativa	presento /NO Presento	Nota obstétrica								
	Edad materna	Numérica	Cuantitativa	Número de años	Historia clínica								
	Numero de gestas	Numérica	Cuantitativa	Numero de gesta	Historia clínica								
	Número de partos	Numérica	Cuantitativa	Número de partos	Historia clínica								
	Número de abortos	Numérica	Cuantitativa	Número de abortos	Historia clínica								
	Número de cesáreas	Numérica	Cuantitativa	Número de cesareas	Historia clínica								
	Periodo intergenésico	Numérica	Cuantitativa	Número años entre un embarazo y otro.	Historia clínica								
	Edad gestacional	Numérica	Cuantitativa	Numero entre 22 y 42 sdg	Historia clínica								
Varieables relacionados con el RN	Presentación cefálica	Nominal dicotómica	Cualitativa	Si/No	Nota obstétrica								
	Relación peso/ edad gestacional	Nominal	Cualitativa	Recién nacido con peso pequeño para la edad gestacional. Recién nacido de peso adecuado.	Nota de valoración pediátrica.								
	Patología neonatal	Nominal	cualitativa	diagnostico	Nota de valoración pediátrica.								
	Malformaciones congénitas	Nominal	Cualitativa	Anencefalia, Conducto arterioso permeable, Defecto del tabique auricular, Enfermedad de hirschsprung, Gastrosquisis, Hidrocefalo congenito, no especificado, Holoprosencefalia, Malformacion congenita del corazon, no especificada, Malformacion congenita del sistema nervioso no especificada, Malformaciones congenitas multiples, no clasificadas en otra parte, Otras malformaciones congenitas de la traquea, Otras malformaciones congenitas del corazón especificadas, Riñon poliquistico tipo infantil	Nota valoración pediátrica								
	Necesidad de reanimación	Nominal dicotómica	Cualitativa	Si/No	Nota de valoración pediátrica								
	Ventilación neonatal	Nominal dicotómica	Cualitativa	Si/No	Nota de valoración pediátrica								
	Lactancia materna	Nominal dicotómica	cualitativa	Si/No	Nota de valoración pediátrica								
	Peso al nacimiento	Numérica	Cuantitativa	numérico	Nota de valoración pediátrica								
	Apgar al nacimiento	Numérica	Cuantitativa	0-10	Nota de valoración pediátrica								
	Silverman	numérica	Cuantitativa	0-10	Nota de valoración pediátrica								
	Causa de Muerte	Nominal	Cualitativa	Clasificación Cie 10	Certificado De Defunción Y Certificado de muerte fetal.								

	Variable	Tipo	Clasificación	Escala De Medición	Instrumento De Evaluación.	EXPEDIENTE 1	EXPEDIENTE 2	EXPEDIENTE 3	EXPEDIENTE 4	EXPEDIENTE 5	EXPEDIENTE 6	EXPEDIENTE 7	EXPEDIENTE 8
Variables relacionados con la atención.	Liquido amniótico de características normales	Nominal dicotómica	Cualitativa	Si/No	Nota obstétrica post parto								
	Parto precipitado	Nominal dicotómica	Cualitativa	Si/No	Nota obstétrica post. parto								
	Parto prolongado	Nominal dicotómica	cualitativa	Si/No	Parto grama								
	Parto múltiple	Nominal cicotómica	cualitativa	Si/No	Nota post. parto								
	Parto inducido	Nominal dicotómica	Cualitativa	Si/No	Parto grama								
	Complicaciones del parto	Nominal dicotómica	Cualitativa	Si/No	Nota post parto								
	Hemorragia obstétrica	Nominal dicotómica	Cualitativa	Si/No	Nota post parto								
	Ruptura prematura de membranas	Nominal dicotómica	Cualitativa	Si/No	Parto grama								
	Indice de riesgo obstétrico	Nominal dicotómica	Cualitativa	Bajo/alto	Historia clínica								
	Tipo de nacimiento	Nominal	Cualitativa	Eutócico (vaginal espontaneo), Vaginal asistido (distócico), Cesárea.	Nota de valoración pediátrica								
	Trimestre de inicio de control prenatal	Numérica	Cuantitativa	Primer, segundo o tercer trimestre	Historia clínica								

CRONOGRAMA

Año	2018						2019						2020					
Meses Actividad	E F	M A	M J	J A	S O	N D	E F	M A	M J	J A	S O	N D	E F	M A	M J	J A	S O	N D
Planteamiento del problema	X																	
Búsqueda de la literatura	X																	
Realización del protocolo	X	X	X	X	X	X	X	X										
Aprobación por el comité de Investigación en Salud									X									
Trabajo de campo										X	X							
Análisis de resultados											X							
Interpretación de resultados												X						
Redacción de tesis												X						
Presentación en foro de investigación													X					
Publicación													X					

Printed by Books on Demand GmbH, Norderstedt / Germany